电子商务创业实训系列教材

2020年广东省第一批高水平专业群
"电子商务专业群"（GSPZYQ2020133）成果
2016年广东省教育厅教学改革项目（GDJG2015202）成果

直播运营实务

主　编 ◎ 黄旭强　梅　琪　洪文良
副主编 ◎ 王　博　马文娟　朱燕妮
参　编 ◎ 林艳萍　李云昌　孟海涅　柯志豪
　　　　　魏小丽　李静雯　王鸿翔　马文艺
　　　　　冀昱格　龙　芳
主　审 ◎ 陈道志

清华大学出版社
北京

内 容 简 介

本书内容包括九大项目,分别是"认识直播平台""直播间布置与装修""直播策划与实施""主播讲解技巧""直播间粉丝运营""直播团队组建""直播复盘与数据运营""直播选品与卖点挖掘""主播筛选与建立合作",每个项目包含2～4个任务,涵盖了直播运营的方方面面。

每个任务均有思维导图、情景案例、详细的操作步骤、相关知识、经验总结,以及配套的练习,以帮助读者更加快速、有效地进行技能训练,增加实战经验,提升直播运营的能力。

本书封面贴有清华大学出版社防伪标签,无标签者不得销售。

版权所有,侵权必究。举报:010-62782989,beiqinquan@tup.tsinghua.edu.cn。

图书在版编目(CIP)数据

直播运营实务/黄旭强等主编.—北京:清华大学出版社,2021.1(2023.8重印)
电子商务创业实训系列教材
ISBN 978-7-302-57302-9

Ⅰ.①直… Ⅱ.①黄… Ⅲ.①网络营销—教材 Ⅳ.① F713.365.2

中国版本图书馆 CIP 数据核字 (2021) 第 005918 号

责任编辑:徐永杰
封面设计:李伯骥
版式设计:方加青
责任校对:王凤芝
责任印制:丛怀宇

出版发行:清华大学出版社
网　　址:http://www.tup.com.cn, http://www.wqbook.com
地　　址:北京清华大学学研大厦 A 座　　邮　编:100084
社 总 机:010-83470000　　邮　购:010-62786544
投稿与读者服务:010-62776969, c-service@tup.tsinghua.edu.cn
质 量 反 馈:010-62772015, zhiliang@tup.tsinghua.edu.cn
印 装 者:三河市铭诚印务有限公司
经　　销:全国新华书店
开　　本:185mm×260mm　　印　张:11.75　　字　数:243 千字
版　　次:2021 年 2 月第 1 版　　印　次:2023 年 8 月第 7 次印刷
定　　价:39.80 元

产品编号:088033-01

电子商务创业实训系列教材编审委员会

（以姓名汉语拼音排序）

主 任

邓晓瑾　广州幸福家科技有限公司	许德彪　深圳市盛世明德教育管理有限公司
刘海宏　广州南洋理工职业学院	郑江敏　广州达智教育管理有限公司
王　刚　广东外语外贸大学	

副 主 任

卜质琼　广东技术师范大学	罗　慧　深圳信息职业技术学院
陈洁玲　广州科技贸易职业学院	马文娟　广州南洋理工职业学院
何　莎　北京理工大学珠海学院	梅　琪　广州南洋理工职业学院
黄旭强　广州南洋理工职业学院	王元宝　广州番禺职业技术学院
黄玉淑　南宁职业技术学院	王　真　广东岭南职业技术学院
柯　戈　广东生态工程职业学院	伍岂莹　广州番禺职业技术学院
林亮景　广东科学技术职业学院	尹冬梅　广东生态工程职业学院
刘　鲲　广州番禺职业技术学院	

委 员

蔡　静　北海市中等职业技术学校	黄柏材　广西工业职业技术学院
曹振华　河南省理工学校	黄丹丹　广西理工职业技术学校
陈碧媛　惠州市成功职业技术学校	李　艳　广东科贸职业学院
陈　玫　广西玉林农业学校	李砚涵　广州大学松田学院
陈艳莹　武宣县职业教育中心	李云昌　广州松田职业学院
陈周晨　广西现代职业技术学院	廖松书　广西工商技师学院
冯永强　广西理工职业技术学院	廖　晓　北海职业学院

林亮景	广东科学技术职业学院	王春桃	佛山市顺德区胡宝星职业技术学校
林素真	广东科贸职业学院	王春香	江苏信息职业技术学院
凌雪莹	广西电力职业技术学院	王光琴	广州商学院
龙　芳	广西工商技师学院	王振国	中山市中等专业学校
龙艳华	梧州市藤县中等专业学校	韦　晓	广西经济职业学院
卢　伟	广州松田职业学院	卫　苗	济源职业技术学院
蒙中中	桂平市第一中等职业技术学校	杨静锦	广西工商技师学院
莫土兰	广西机电工业学校	余　球	柳州职业技术学院
莫远路	广西钦州商贸学校	张春燕	百色职业学院
潘洁仪	广州华南商贸职业学院	张锋辉	惠州市通用职业技术学校
潘锦文	广东财经大学华商学院	张　瑾	广州市增城区职业技术学校
彭　韬	广东南华工商职业学院	赵娟娟	广西华侨学校
秦桂平	广东科贸职业学院	赵珊珊	靖西市职业技术学校
覃海宁	广西经贸职业技术学院	郑建芸	广东建设职业技术学院
邱星铭	广西生态工程职业技术学院	朱小敏	惠州市成功职业技术学校
汤秋婷	广州华南商贸职业学院	朱友发	广州松田职业学院

前 言

2020年，中国直播电商进入"万亿时代"。在万物可播、人人可播、随时可播、随地可播的时代，直播已成为电子商务平台、品牌和商家等的标配。直播，最早为人们熟知，是从娱乐领域开始的。如今，电商不断迭代，直播不再仅仅是达人主播进行的直播带货。淘宝直播上约七成的GMV（Gross Merchandise Volume，网站成交金额）来自商家直播，直播电商已经逐渐普及，呈现出"无直播、不电商"的发展态势。

直播催生了炙手可热的新职业，直播运营（或主播）等相关岗位是目前中小企业急需补充的岗位，其主要职责是策划优质的直播活动，并能筛选和培养优质的主播，使直播的商业价值最大化。

面对快速发展的直播行业，本书的编写基于教育适应性理念，编写团队试图挖掘直播内在的基本运行规律，梳理出直播运营的几个核心内容：平台选择及团队搭建、前期策划及直播间技巧、数据复盘、商务合作。其中，平台和团队是直播运营的基础，匹配的平台和配合默契的团队更容易获得成功。前期策划和直播间技巧是保证直播能够吸粉并转化的关键。数据复盘可以更加明确直播效果的改进方向，不断提升直播价值。商务合作是大部分商家都会面临的选择和商业博弈，和谁合作及怎样合作都影响着最终的利益。

本书主要面向大中专院校的大学生和直播从业者，将直播运营的三大核心内容分解为九大项目，包含从直播平台的选择、直播间的搭建、目标粉丝的定位，到前期的团队搭建、直播选品和脚本策划以及直播实施过程中的控场技巧、主播话术，再到数据复盘和商务合作。通过详细的知识点讲解和任务分解，帮助读者更加有计划、有目标地掌握直播运营的相关知识，训练相关技能。

本书的编写参阅了最新的行业报告及国内外学者的文献资料，汲取了大量的专业书籍和文献中的思路和方法，同时也参考了十二画（深圳）文化传媒、茉莉数科集团、红象文化传播、脚印传媒、海客传媒等企业的经验，在此对这些专家、学者表达深深的谢意。本书在编写出版的过程中，得到了广州南洋理工职业学院、广州松田职业学院茉莉学院及洛阳科技职业学院的领导和老师们的帮助，在此一并表示感谢！

面对直播电商的行业红利,直播运营已经成为大众必备的一项技能。对于大学生来说更是如此,掌握直播运营的相关技能,既能成为企业急需的专业人才,又能给自主创业增加更多的可能性。

随着互联网和电子商务的不断发展,直播运营的理论和实践方法也在不断迭代,由于作者的水平有限,加之成书时间较短,虽然尽了最大的努力,但书中难免有不足之处,恳请各位专家和广大读者批评指正。

编者

目 录

项目 1　认识直播平台 ………………………………………………… 1

　　任务 1-1　电商直播宏观环境分析 ……………………………………… 3
　　任务 1-2　电商直播平台环境分析 ……………………………………… 10

项目 2　直播间布置与装修 …………………………………………… 19

　　任务 2-1　筛选并采购直播间设备 ……………………………………… 21
　　任务 2-2　完成直播间的装修与陈列 …………………………………… 31

项目 3　直播策划与实施 ……………………………………………… 39

　　任务 3-1　选品 …………………………………………………………… 41
　　任务 3-2　策划商品脚本 ………………………………………………… 47
　　任务 3-3　策划并实施直播 ……………………………………………… 53

项目 4　主播讲解技巧 ………………………………………………… 59

　　任务 4-1　熟悉消费者心理特征 ………………………………………… 61
　　任务 4-2　了解主播讲解步骤 …………………………………………… 67
　　任务 4-3　掌握主播讲解技巧与话术 …………………………………… 74
　　任务 4-4　熟悉好用的直播玩法 ………………………………………… 80

项目 5　直播间粉丝运营 ……………………………………………… 85

　　任务 5-1　熟悉直播间粉丝 ……………………………………………… 87

任务 5-2　掌握直播间粉丝管理方法 ·· 92

任务 5-3　提升直播间粉丝的回访及转化率 ·· 97

项目 6　直播团队组建 ·· 103

任务 6-1　组建直播运营团队 ·· 105

任务 6-2　制定并实施团队管理与绩效体系 ······································ 110

项目 7　直播复盘与数据运营 ·· 117

任务 7-1　解读直播数据指标 ·· 119

任务 7-2　优化直播效果 ··· 128

项目 8　直播选品与卖点挖掘 ·· 137

任务 8-1　直播选品 ··· 139

任务 8-2　卖点挖掘 ··· 145

项目 9　主播筛选与建立合作 ·· 153

任务 9-1　识别与筛选主播的带货能力 ·· 155

任务 9-2　建立与主播的合作关系 ··· 165

参考文献 ··· 176

项目 1
认识直播平台

作为内容电商的重要形态,电商直播在引流效率和成交效率上遥遥领先。本质上,电商直播是以直播作为流量的接触工具,以主播作为流量的转化主体,以电商作为流量的承接落地。更通俗地讲,电商直播是借助传播内容(促销内容、专业内容、娱乐内容)的形式,将直播流量转化为电商流量,并达到促进销售的目的。

疫情作为加推器,让电商直播跑步进入了发展的快车道。各大平台纷纷加码探索"直播+"的模式边界,"直播经济"进一步发酵和成熟,预计电商直播在未来会持续维持增长态势。电商内容化,内容电商化。各大平台在电商直播领域又将有何考虑呢?

本项目通过介绍电商直播宏观环境和电商直播平台环境,从而帮助商家和个人了解直

播领域，并与之建立更有价值的合作关系。

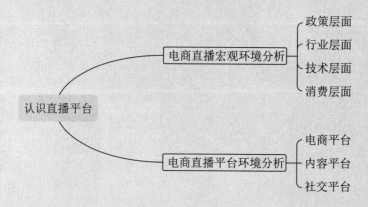

小红是一个护肤达人，了解市面上各种护肤品的商品特性和使用效果。她一开始只是在公众号、小红书、头条等平台发布相关文章，但是在运营了一段时间之后，粉丝数和阅读量并没有明显提升，更别提得到商家的青睐进一步实现商业变现了。小红打算另辟蹊径，听说直播是时下最火的变现渠道，不用拍各种商品照，只需要对着镜头说就好了，小红很是意动，但又因为自己什么都不懂，不敢轻易尝试。于是，她找到了正在做电商的朋友，向她进一步了解关于直播的信息。

4学时。

任务 1-1　电商直播宏观环境分析

小红向朋友说出了自己的担忧,鉴于之前失败的经历,她不确定自己是否已经准备好进入一个新的领域,她很担心直播这个行业是昙花一现,所以想多了解一些电商直播的现状和前景,再决定要不要加入,以及以什么角色加入。

知识目标:
1. 了解电商直播 4 个层面的宏观分析。
2. 了解直播产业链的相关角色。

技能目标:
1. 能从多个角度出发解析当前的电商直播环境。
2. 能对直播产业链的相关角色及作用进行分析。

思政目标:
1. 能做到实事求是、有理有据。
2. 能举一反三,结合生活求证理论。

2 学时。

步骤1 以 5 人为一个讨论组,对当前的电商直播行业,各抒己见。
步骤2 每人选 1~2 个自己熟悉的电商直播平台,分析其环境生态。

步骤3 举例讨论自己对直播产业链的认识。
步骤4 总结本次讨论的结果和心得。

对于电商直播宏观环境的分析,将从4个层面——展开。

一、政策层面——政府鼓励直播行业发展

电商直播从2016年发展至今,用不断上升的成绩证明着该模式的可行性和有效性。2020年柞水木耳在淘宝直播一夜抵柞水4个月的销售,点燃的不仅仅是电商直播燎原的火苗,更是将电商直播推到新的历史高点。2020年4月,《人民日报》发表评论员文章,肯定"直播带货"方式在刺激消费和促进经济转型升级方面的作用。央视主播跨界带货、小朱配琦出圈,更是顺势将直播送上风口,也是政府尤其是国家层面对于直播的肯定和推动。

事实上,2020年受困于疫情,不少地方的农产品遇到销售通路不畅的困境。地方干部积极寻找思路,也将目光和行动聚焦在"直播带货",通过直播的方式为地方特色商品做推介,既解决了眼前农产品滞销问题,又开启了农产品销售的"新渠道"。商务部2020年4月23日发布的数据显示,一季度电商直播超过400万场,全国农产品网络零售额达936.8亿元,增长31.0%。

政策层面,各地政府也纷纷结合自身的城市产业、发展规划推出行业发展行动规划。

2020年2月,商务部出台《关于进一步做好疫情防控期间农产品产销对接工作的通知》,鼓励电商企业为直播带货等渠道提供流量支持。

《广州市直播电商发展行动方案(2020—2022年)》提出:到2022年,推进实施直播电商催化实体经济"爆款"工程——"个十百千万"工程,即构建1批直播电商产业集聚区、扶持10家具有示范带动作用的头部直播机构、培育100家有影响力的MCN机构、孵化1 000个网红品牌(企业名牌、产地品牌、商品品牌和新品牌等)、培训10 000名带货达人(带货网红和"网红老板娘"等),将广州打造成为全国著名的"直播电商之都"。

《品质川货直播电商网络流量新高地行动计划(2020—2022年)》提出:到2022年年底,四川省将推进实施10个特色产业直播电商网络流量基地、100个骨干企业、1 000个网红品牌、10 000名网红带货达人的"四个一"工程。

从直播场景看,主要聚焦"直播电商+特色产业""直播电商+县域经济""直播电商+反向定制""直播电商+扶贫""直播电商+新体验""直播电商+新品""直播

电商＋商圈""直播电商＋新技术"等 8 个方向。"直播电商＋特色产业"是其中的重点。

《关于加快杭州市直播电商经济发展的若干意见》明确了包括对直播电商企业、直播电商园区、电商主播等各个方面的扶持及奖励机制，其中头部主播将按贡献给予奖励。到 2022 年，杭州将实现直播电商成交额 10 000 亿元，对消费增长年贡献率达到 20%。同时培育和引进 100 个头部直播电商 MCN 机构，建设 100 个直播电商园区（基地），挖掘 1 000 个直播电商品牌（打卡地），推动 100 名头部主播落户杭州，培育 10 000 名直播达人。

在各地所制定的直播发展规划和发展目标时，"直播电商之城""直播电商之都"等带有城市发展定位的词汇，实则表明在政策层面远非一般扶持，背后体现的是各个城市对于直播推动、刺激地区经济发展和转型的期待。

除了宏观层面的直播发展规划，各地也陆续推出与直播人才利益相关的人才政策。

譬如，杭州市余杭区政府发布"直播电商政策"明确对具有行业引领力、影响力的直播电商人才最高可通过联席认定为"B 类人才"，也就是相当于"国家级领军人才"。广州市花都区政府计划给予优秀主播最高 50 万元购房奖。

在职业上，电商主播也获得了正式的身份。中国就业培训技术指导中心于 2020 年 5 月发布《关于对拟发布新职业信息进行公示的公告》，在"互联网营销师"职业下增设"直播销售员"工种。

二、行业层面——直播成为平台标配功能

2020 年，对于电商直播而言，具有里程碑式的意义。在这一年，因为疫情原因，电商直播迎来了井喷式的爆发态势，呈现出用户群体急剧扩张、直播场景不断创新、直播工具快速迭代的特点。《2020 年中国移动直播行业"战疫"专题报告》显示，2020 年春节期间，受疫情影响，网民对移动互联网依赖加大，互联网的使用时长比日常增加 21.5%。借助直播方式进行带货成为优选的商品销售方案，尤其对于线下实体店，直播和私域成为为数不多的过渡和转型的选项。

提到电商平台，必然离不开淘宝、京东、拼多多三个平台。作为电商平台的代表，开启直播带货从平台层面来看是业务创新需要和顺应趋势的结果。纵观知名的互联网平台，提供直播功能进行带货的参与者远不止这三家。如图 1-1 所示。

注：不完全统计，部分时间可能有出入。

图 1-1

根据不完全统计，目前至少超过 17 家平台开启电商直播带货的功能，其中快手平台更是因为直播带货的斐然成绩，被称为除淘宝、京东、拼多多之外的"电商第四极"。事实上，从 2016 年蘑菇街作为先行者试水直播带货以来，电商直播带货便以其独特的魅力吸引着越来越多的电商平台、内容平台以及垂直电商平台不断加入。众多平台争相涌入电商直播这个赛道，将自身的特色业务与直播进行结合，出现了旅游直播经济、二手物品直播经济、海外直播经济、私域直播经济、本地生活直播经济、特色体验直播经济等新型的"直播+"经济形态。尤其是电商直播，更是成为各大平台争相布局和开展的业务。

三、技术层面——直播行业发展日趋成熟

从 2016 年发展至今，电商直播已经由最开始的"商家+主播"两极延伸成一个日趋成熟的产业链。以"直播"为关键词进行的相关企业注册查询显示，从 2019 年至今，与直播相关的企业注册数量增长 10 倍（数据来源于企查查），直播发展的迅猛速度可见一斑。产业链上围绕着商品、技术、流量三个模块已经发展出商家型、服务型、整合型等多种角色。见表 1-1。

表 1-1

分 类	角 色	说 明
商家型	店铺型商家	开设店铺从事商品销售，一般以佣金或付费形式和主播合作
	供应链型商家	整合多个品牌的商品，通过合作主播或自养主播进行销售
	直播基地	以本地特色市场为依托，为市场商家提供主播帮助销售
	主播型商家	主播拥有店铺，通过直播为自己的店铺进行引流销售

（续表）

分 类	角 色	说 明
服务型	达人主播	从事直播工作，不开设店铺，通过直播为合作商家进行引流销售
	商家型主播	本身属于商家身份，同时为其他商家通过直播进行引流销售
	主播机构	从事主播孵化培养与商务变现的公司
	代播机构	使用店铺的账号，配备主播为店铺进行引流销售的服务公司
	直播数据服务商	为商家、主播等提供大盘数据、主播销售数据等服务
	直播培训服务商	为商家、新人提供系统、专业的直播培训
整合型	营销策划服务商	为商家提供整体的内容整合营销策划服务，并执行或外包
	直播投放服务商	服务于商家的直播投放，包含推荐主播、策划方案和跟进执行

产业链上各大角色各自承担不同的职责，相互之间同样存在联动和利益分配关系。以直播机构的运营逻辑为例，帮助更好地理解各角色之间的关系。如图1-2所示。

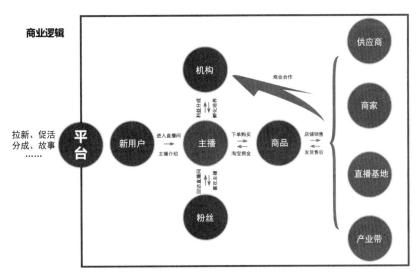

图 1-2

电商直播目前可谓是"牵一发而动全身"。商品端（品牌、厂家和经销商）直播的迫切需求，快速催生服务端（供应链、基地、主播、机构、代播、数据服务和培训服务）的蓬勃发展，通过消费端（消费者）进行消化，最终沉淀在平台端（淘宝、京东、抖音和快手等）。

对于平台端，尤其是内容平台，电商直播是目前除广告外的有效变现方式，也是推动平台电商版块成长的有效手段。对于电商平台而言，直播是目前平台相对高效的流量变现方式。

对于商品端，通过直播的方式，可以打破以往惯有的运营模式，以更快的速度实现商品的销售额爆发，堪称"销售收割机"。同时，直播也成为尾货清仓、滞销品清仓的有效手段。随着商家对直播理解的逐步深入，商家也开始联合主播打造联名款、品牌宣传等更具深远价值的直播活动。

对于服务端，机构通过主播触达更多的商品、更多的消费者，获得佣金和服务费用，并进一步推动主播的成长。其他服务方得益于行业的快速发展，也进入到发展的快车道。伴随着行业往深度发展，虚拟主播、VR直播间、多机位全景直播等形式在未来会拥有更加广阔的市场。

对于消费端，通过直播间，既可以拥有"所见即所得"的消费体验，又可以获得价格上的优势，更可以通过主播的选品和把关避免"消费入坑"。作为消费者，也需要提高自身对于实际需求的理性认知，避免冲动消费。

综上所述，直播电商的发展，其实是各个环节共同推动的结果。之所以取得如此耀眼的成绩，可以归功于直播的模式实际上缩短了消费者的转化链路，并有效地解决了消费者的痛点，创造了良好的消费体验，因此消费者才愿意为直播的模式买单。也正是基于此，行业才能获得快速发展。

整体来看，直播行业在未来的一段时间依然拥有足够的增长空间，行业的发展也将步入规范化、团队化、日常化的阶段。同时，需要警惕因为行业发展过快、过热出现的行业泡沫和灰色产业。

四、消费层面——直播消费群体已经养成

生产和消费，是人类社会活动中永恒的主题之一。

随着我国电子商务的发展，电商端的GMV逐年持续增长。市场的供求关系、消费群体和消费结构都发生了显著变化。这一趋势，可以从淘宝于2020年9月发布的《淘宝"95后"浓度报告》中得到体现。根据报告，"95后"已经成为淘宝用户的第一大群体。而这第一大群体中，38%的用户使用淘宝直播。

对于消费者来说，直播电商并没有改变购物的本质，改变的只是商品选择习惯、购买决策要素、下单购买路径。直播电商能够提供比详情页及短视频更加直观的体验感，并且通过即时的互动形式收获情感的需要。事实证明，直播电商的售卖逻辑已经得到消费者的广泛认可。以淘宝为例，2018年淘宝主播人数较2017年增长180%，淘宝直播2018年GMV破1 000亿元，同比增长400%，进店转化率超65%，日直播场次超6万次，直播时长超15万h，有81名主播年引导成交过亿元。

最近三年，淘宝直播带动的每年成交额增速均超150%，其中2019年，仅在淘宝直播，带货量同比增速将近400%。2019年"双11"当天，淘宝直播频道刚开始的1min就超过2018年直播频道的总成交额，成交总额破200亿元。直播已经成为当前增长最为迅猛的新经济业态。放大到整个行业来看，艾媒咨询的数据显示，2019年中国直播电商市场规模达到4 338亿元，同比增长226%，预计到2020年将会同样以超过100%的速度增长到9 610亿元。

因此，从头部主播所公布的数据，以及第三方数据监测平台所公布的数据，可以得出直播消费群体已经养成的结论。

1. 直播行业是近几年兴起的新兴行业，在经过2～3年的自由生长后，政策法规日趋完善，直播相关的工种确立，标志着该行业将进入一个更加成熟、更加细分的新阶段。

2. 在宏观条件下，政策更趋向于多元化，结合精准扶贫、大力发展乡农商品，逐步在偏远地区实现经济互通。电商直播以其跨越空间、跨越时间的优势，将优先占领一部分市场。

> 知识训练

1. 确立直播相关的工种，市县乡领导扶植当地直播产业，属于（　　）层面。[单选]
A. 消费　　　　　B. 技术　　　　　C. 政策　　　　　D. 行业

2. "电商第四极"是指（　　）。[单选]
A. 京东　　　　　B. 淘宝　　　　　C. 拼多多　　　　D. 快手

3. "直播带货"的方式对经济有什么促进作用？（　　）。[多选]
A. 帮助偏远地区农商品外销　　　　　B. 刺激消费
C. 促进经济转型升级　　　　　　　　D. 推广地区特色商品

4. 举例说明，直播产业链的相关角色都有哪些？

5. 简述电商直播的商业逻辑。

6. 对消费者来说，电商直播意味着什么？

> 技能训练

"电商直播宏观环境分析"技能训练表，见表1-2。

表 1-2

学生姓名		学　　号		所属班级	
课程名称				实训地点	
实训项目名称	电商直播宏观环境分析			实训时间	
实训目的： 1. 从4个层面了解电商直播的宏观环境。 2. 能独立判断出直播产业链的相关角色。					

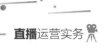

（续表）

实训要求： 根据上面的操作步骤，得出讨论的结果。	
实训截图过程：	
实训体会与总结：	
成绩评定（百分制）	指导老师签名

二维码扫一扫，下载实训表格。

任务 1-2　电商直播平台环境分析

为了帮助小红更深入地了解电商直播，朋友打算让她先入职一段时间，跟着公司的直播运营团队，了解整个直播带货的过程。在这个过程中，小红学到了很多关于电商直播和平台的知识，也明白了直播带货并非只是张嘴说那么简单。如何选择直播平台，怎样建立直播团队，都是关乎直播效果的重要前提。在朋友的支持下，小红做好了充足的准备，打算选择淘宝直播，作为她入行的第一站。

知识目标：

1. 了解三大平台类型及其主要特点。

2. 了解各个头部平台直播带货的优势。

技能目标：

1. 能总结归纳出适合各平台的直播类型。

2. 掌握各平台直播带货的调性和技巧。

思政目标：

1. 遵守法律法规进行操作，实事求是地得出结论。

2. 能够从宏观和微观分析问题，着眼全局，深入研究。

2 学时。

步骤1 5 人一组，并选出一位组长，各组组员需要结合自身选择一个直播平台。

步骤2 在 2min 内整理知识点和组织语言后，开始轮流发言。

步骤3 每个人在发言的时候，需要包含三方面内容：为什么选择这个平台？这个平台相较其他平台的优缺点是什么？该平台在直播带货领域有什么特别的成绩？

步骤4 在所有人发言之后，组长进行归纳总结，整理成一份简要的讨论报告。

从商业模式的角度来看，电商直播模式在主播、商品、消费者的背后，是平台。而对于电商平台、内容平台、社交平台而言，因其本身属性不同，所以也呈现出多样的平台环境。

直播形式放在电商平台上，是从现有电商用户中进行分流，因而是在存量市场中创造增量市场。平台的关注点聚焦在增量市场对于流量的利用效率、UV 价值以及对品类的激活效应。例如，A 主播的 UV 价值（直播间总成交额 / 直播间 UV）为 30 元，即平均一个用户在该主播直播间消费 30 元。相比之下，UV 价值为 3 元的 B 主播，在流量的分配权重上就会低于 A 主播。

放到内容平台上，则是从现有内容用户和娱乐直播的用户进行转换，因而是从单一市场扩展为多元市场。平台关注的是转化过程中的用户流失率、转化价值。当然，更关注的是扩展为多元市场后，是否能够形成电商闭环。例如，抖音、快手接连推出自己的小店，意图在于将直播和短视频的电商交易沉淀在平台上。

放在社交平台上，是以微信为代表的私域直播。私域直播，作为平台方除了考虑提供直播工具和支付工具之外，还需要考虑直播内容的监管。对于平台来说，虽然玩法更加自由，但如果不从平台层面提供流量和完整的生态系统，能够真正玩转私域直播的公司并不多，这将极大地束缚平台的发展。见表1-3。

表 1-3

平台	淘宝	京东	拼多多	抖音	快手	小红书	微信
定位差异	电商直播	电商直播	电商直播+娱乐直播	成瘾内容+娱乐+电商	国民社区+娱乐+电商	生活方式分享社区	熟人社交+电商
人群差异	7.26亿用户、1亿直播用户	3.8亿用户	6.28亿用户	4亿日活用户	3亿日活用户、1亿直播用户	2亿用户	11亿用户、100万+广场日活用户
转化率	★★★★☆	★★☆☆☆	★★☆☆☆	★★☆☆☆	★★★☆☆	★★☆☆☆	★★★☆☆
客单价	低中端为主	中端为主	低端为主	低中端为主	低中端为主	中高端为主	中高端为主
推广方式	超级推荐、站外引流、商家直通车	站外引流、京东快车、京东展位、购物触点	红包引流、CPT推广	直播投放、视频引流	连麦打榜、视频引流、快币推广	薯条引流	公众号引流、朋友圈广告引流、社群引流、个人号引流
主要带货品类	服装、珠宝、美妆个护、食品生鲜、母婴童装、家居百货	小家电、数码商品、母婴童装	服装、食品、鞋包饰品、生活用品、珠宝	女装、食品饮料、家居、家纺、家装、厨具、鞋包饰品、生活用品	食品饮料、个人护理、精品女装、珠宝	美妆、美搭、母婴	服装、珠宝、美妆个护、食品生鲜、母婴童装、家居百货
价格区间	0～500元的商品占比最高	未披露	未披露	0～50元的商品占比最高，其次是50～100元、100～200元的商品。0～200元的商品总共占比超80%	中客单价30～50元的占比最多，其次是30元以下和50～80元的商品	未披露	未披露

总体来看，淘宝直播作为电商平台带货直播的代表，胜在带货规模和电商生态。抖音、快手作为内容平台带货直播的代表，胜在用户停留时长和创作者体量。拼多多、京东、小红书、微信等则因为平台用户体量、平台电商生态、用户习惯等原因，目前暂时无法和三大平台相提并论。

一直以来，淘宝作为电商的"领头羊"，在内容电商方面是率先的探索者。即便是蘑菇街先于淘宝推出电商带货直播，淘宝也后来居上并不断创新。一方面，以淘宝天猫成熟的电商生态环境为基础，淘宝直播在整个电商直播圈拥有成熟度最高的直播生态，整个生态的商家数量、商品数量、商品品类、价格幅度、主播数量、直播玩法等都优于其他平台。另一方面，虚拟偶像直播、明星直播、村播、海外购直播、直播卖车、直播卖房、直播卖电影票、直播卖火箭等直播玩法和内容创新刺激着行业的推陈出新。

淘宝直播在平台环境上的具体特点可归纳为以下几点，如图 1-3 所示。

图 1-3

根据公开的资料，快手在 2020 年 8 月的订单量超过 5 亿笔。更值得关注的是，在过去的一年中，快手电商累积订单总量已经排到第四名，排在前三位的是淘宝、京东和拼多多。可以看到，按照前文的观点，快手在娱乐直播市场中扩展出的电商直播市场从成绩的角度显然是喜人的。以现阶段快手直播超 1 亿日活跃用户数量（Daily Active User，DAU）为托底，配合快手顶部主播强大的带货能力，以及丰富的腰部主播资源，快手的电商直播之路还有上升的空间。同时，快手也在探索产业带直播模式，即利用产业带的价格优势和快手主播的带货优势，进一步提升快手电商的价值。

快手直播在平台环境上的具体特点，如图 1-4 所示。

图 1-4

抖音在很长的一段时间内都表现为用户体量大、带货成绩小。就带货而论，抖音直播真正进入到公众眼帘是因为罗永浩入驻抖音开播。在罗永浩之前的牛肉哥、石榴哥等代表性案例，在带货成绩上与淘宝、快手的主播相比，根本不在同一个量级上。基于抖音庞大的 DAU，尤其是占比较大的一二线城市"90 后""95 后"女性用户，她们热爱时尚、追求潮流酷炫、有一定经济基础且消费能力强，尤其对于美妆、配饰、服装和零食等类别的商品关注度较高，可以推测，抖音在未来的直播带货规模会快速上升。

抖音直播在平台环境上的具体特点，如图 1-5 所示。

图 1-5

京东作为阿里的另一极，在直播方向上和阿里的走向有所区别。如果说阿里在 2020 年之前更侧重于达人，那么京东一直以来比较侧重的是商家。在疫情之前，京东宣布"2+2"战略，以商家大会、直播商学院两大抓手，北极星计划、攀登者计划两大阵地，持续为主播、机构和商家提供政策、流量、营销商品及服务方面的扶持。能够利用好政策及资源的商家，配以专业的运营团队，确实能够享受到一波流量红利。

京东直播在平台环境上的具体特点，如图 1-6 所示。

图 1-6

拼多多的直播来得晚一些，于2019年11月内测，于2020年1月正式上线。从平台对于直播的功能定位来看，拼多多直播虽然是达人带货直播、达人娱乐直播和店铺直播"三条腿走路"的模式，但是因为其流量机制侧重于提升用户黏性和流量转化效率，所以从目前来看，其店铺直播的友好程度会更高。

拼多多直播在平台环境上的具体特点，如图1-7所示。

图 1-7

聚焦于购物分享，小红书以其独特的生意经成为内容电商的种草范例，其商业价值随着平台用户体量的爆发增长也极速提升。相较于其他平台的"不专业"种草，小红书的KOL发挥特定领域的专业性，以及更加贴合女生群体的种草语言，能够更加"专业"地种草，从而实现从内容种草到内容拔草的推荐营销。用户的主流使用场景，让小红书目前的优势打破美妆、美搭、旅游三大领域，将边界扩张到美食、母婴、实体店等领域。

小红书直播在平台环境上的具体特点，如图1-8所示。

图 1-8

作为国内目前连接人与人最紧密的熟人工具，微信一向被认为是私域的最佳工具和天然承接平台，特别是"微信个人号＋微信社群＋微信公众号＋微信直播＋小程序店铺"的组合被誉为理想的私域直播组合拳。2020年，微信小程序的布局重点是建设商业场景，帮助商家打造属于自己的转化闭环。微信采用S2B2C模式，平台用户的高黏性、私域流量的高信任度可带来电商的高转化、高复购。

微信直播在平台环境上的具体特点，如图1-9所示。

图 1-9

如上所言，虽然只是对淘宝、快手、抖音、京东、拼多多、小红书和微信等几大平台的简单分析，但是读者能够感知各大平台在直播的功能定位、发展方向、适宜对象、进入门槛、流量特点、流量机制和潜在机会等多方面的不同。选择入局直播，在选择平台这一环节，还需要在上述平台分析的基础上，进一步做好自身能力、资源等多方面的匹配度分析。

对于直播市场来说，总结起来大概有三个特点：用户规模庞大、活跃度高、增长稳定。越来越多的品牌进驻到这个领域，打破了原有的交易壁垒。

不过需要注意的是，品牌在进入直播领域选择平台时，要综合考虑平台的调性、用户画像、流量推荐机制、内容偏好、主播类型等元素。提前了解直播行业状况，有助于品牌找到适合自身的直播平台。

知识训练

1. 内容平台带货直播的代表是（　　）。[单选]
   A. 抖音、快手　　　B. 蘑菇街、小红书　C. 拼多多、京东　　D. 淘宝、微信
2. 平台一般分为（　　）。[多选]
   A. 电商平台　　　　B. 内容平台　　　　C. 创作平台　　　　D. 社交平台
3. 从商业的角度看，电商直播包含哪几个元素？（　　）。[多选]
   A. 主播　　　　　　B. 商品　　　　　　C. 消费者　　　　　D. 平台
4. 什么是私域直播？
5. 简述淘宝直播的带货优势。
6. 简述快手直播带货的优势。

技能训练

"电商直播平台环境分析"技能训练表，见表1-4。

表　1-4

学生姓名		学　号		所属班级	
课程名称				实训地点	
实训项目名称	电商直播平台环境分析			实训时间	
实训目的： 1. 能总结归纳适合各平台的直播类型。 2. 掌握各平台直播带货的调性和技巧。					
实训要求： 按照前面的操作步骤，形成讨论报告。					
实训截图过程：					
实训体会与总结：					
成绩评定（百分制）			指导老师签名		

二维码扫一扫，下载实训表格。

项目 2
直播间布置与装修

如果说直播间类似于实体店,那么直播间的布置与装修就类似于实体店的门面装潢。作为门面,应该考虑访客进入直播间后的第一印象是否良好,从长期的角度考虑则是主播与粉丝之间的接触是否有助于提高粉丝对主播的良好印象。作为直播间的重要组成要素,布置与装修必须考虑整体需要及各个细节标准。

项目提要

本项目以淘宝直播为例,通过对直播间主要设备的认知与筛选、直播间装修陈列及灯光等设备调试的学习与实践,辅以优秀直播间布置与装修的案例分析,帮助学生理解直播间布置与装修的两个核心要点:①整体的布置与装修目的在于呈现更佳的直播间观感。②整体的布置与装修需要考虑直播中的实际需要。通过学习,学生能掌握与直播间的布置与装修有关的工作,能独立开展直播间的布置、装修及日常维护。

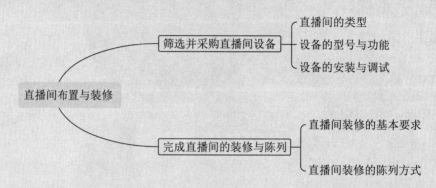

关注到直播在营销中的突出作用,十二画公司决定在公司先有图文、短视频板块的基础上新增直播版块。作为新增版块的负责人,小王迫切地需要制订几个方面的计划:①直播间的装修及设备采购方案,以满足直播的需要。②主播的招募要求、管理制度及薪酬方案,以方便进行主播招聘。③直播团队的整体架构、岗位权责、配合流程管理制度及薪酬体系,以方便进行团队组建和管理。

在直播间装修及设备采购方案的制定上,小王会从哪几个角度进行考虑呢?

8学时。

任务 2-1　筛选并采购直播间设备

电商直播从 2016 年发展到现在，小王深知手机直播已经不再能满足直播的需求，电脑直播才是未来的主流的趋势，因此，除了按照电脑直播的要求进行设备的配置，还要结合公司预算、切入领域的类目特点、辅助工具需要等进行权衡，才能制订出合适的方案。

知识目标：
1. 了解不同类型直播使用的设备型号、参数及功能。
2. 熟悉导购型直播间需要的主流设备型号、参数及功能。

技能目标：
1. 掌握导购型直播间需要设备的选型与采购。
2. 掌握直播设备的安装与调试。

思政目标：
设备选型谈判与采购严谨、合法合规。

4 学时。

直播间布置与装修方案的制订，需要全盘考虑直播间运行的各个方面和全部过程，包括直播间在直播过程中的全部需求。直播间布置与装修方案的制订，主要包括以下几个方面。

步骤1 明确直播间的用途。

明确直播间的用途,是制订直播间布置与装修方案的出发点,也是方案制订的重点。不同的商品品类,考虑到更好地展现商品卖点以及主播展示的需要,需要设计不同的直播间设备方案和装修方案。例如,美食品类和美妆品类,以坐播居多,需要为主播配备桌椅;穿搭品类,以站播居多,不需要为主播配备桌椅。

步骤2 明确直播间的预算。

确定预算,才能确定直播间的设备购买标准和装修标准。一般的流程,是先从公司层面给出大概的预算范围,再根据预算编制方案。如果公司层面缺少对于直播设备种类、价格、需求数量的了解,预算范围可能会有较大的出入,通常会导致方案的效果差强人意。因此,建议在缺乏专业经验的前提下,可以先根据直播间的用途和其他衡量因素制订出方案,再申报预算。

步骤3 明确直播间选址。

直播间选址,通常会考虑三个方面的因素:地段、场地大小和通风。

(1) 地段的选择要点,在于既方便人员招聘,又需要考虑直播行业黑白颠倒的工作时间,还需要考虑直播会产生一定的噪声。因此,交通较为方便的独栋型办公地点,会是相对理想的选择。

(2) 场地大小的选择要点,在于电商直播带货对于场地的需求,不仅要考虑直播间的需要,还必须考虑配套环境,如样品区。不同的商品品类在配套上的需求有所不同,如美食类,尤其是粮油米面,开放型厨房便于营造厨房场景;美妆类,配备化妆间便于主播化妆。

(3) 通风的选择要点,在于直播间堆放的样品,以及下厨演示等都会产生异味。此时,良好的通风条件显得尤为重要。

步骤4 根据实际情况制订具体的方案。

直播间设备方案的制订难度,低于直播间的装修方案。

直播间设备方案,基于现有资料、主播需求、平台的要求及有关经验,结合类目的需要,参照优秀同行的案例,并根据设备的最新报价,编制出直播间设备方案,见表2-1。

表 2-1

投入类型	投入项目	描 述	单间配置	直播间数量	时间维度(月/次)
直播间配置	直播间背景墙装修		1	10	1
	直播间地板装修	瓷砖	1	11	1
	空调		1	10	1
	摄影灯(柔光箱)	150W,金贝	1	10	1
	摄影灯(柔光球)	150W,金贝	1	10	1
	美颜灯	22寸大灯	2	10	1

（续表）

投入类型	投入项目	描述	单间配置	直播间数量	时间维度（月/次）
直播间配置	直播间电脑	8G内存起，运行3 000Hz以上	1	10	1
	键鼠套装	罗技，无线	1	10	1
	网线	千兆	1	10	1
	罗技摄像头+支架	C1000E，带1.6m支架	1	10	1
	插座	公牛	3	10	1
	直播间办公桌	2m×0.8m	1	10	1

直播间的装修方案，需要根据实地情况考虑，如是直接在原有格局上进行装修，还是重新设计。根据前面所明确的直播间用途、直播间预算、直播间选址，可以制定直播间空间规划图、装修风格、背景图案、电路规划图、设备清单、设备摆放示意图等，见表2-2。

表 2-2

区域	大小	说明	总面积
直播间	20m²/间	30间	600m²
办公区	100m²	至少容纳20人工位	100m²
会议室	30m²		30m²
接待区	50m²	5个隔明显的休息区	50m²
样品厅	200m²	用于样品展示	200m²
茶室	20m²		20m²

步骤5 根据方案进行装修。

根据确定的装修方案，协调施工队伍进行装修，确保如期交付。

步骤6 根据方案进行直播设备的安装。

根据确定的直播设备方案，见表2-3（穿搭类直播间设备方案范例）、表2-4（美食类直播机构设备方案范例），组织人员进行设备安装。

表 2-3

序号	设备名称	描述	单间数量
1	台式电脑	8G内存、I7处理器	1
2	显示器		1
3	LED长条灯	用途为天花板灯	4
4	摄影灯	150W，金贝	2
	灯架	配套摄影灯一起使用	2
	柔光球	配套摄影灯一起使用	2
5	摄影灯	150W，金贝	2

（续表）

序 号	设备名称	描 述	单间数量
5	灯架	配套摄影灯一起使用	2
	柔光箱	配套摄影灯一起使用	2
6	美颜灯	22寸大灯	1
7	摄像头	罗技C1000E	1
	摄像头支撑架	配套摄像头一起使用	1
10	插座	公牛插座	3
11	路由器	千兆级无线路由器	1
12	网线	千兆级网线	2
13	衣帽架		按需配置
14	衣架		按需配置
15	网络	100M起	1

表2-4

投入类型	投入项目	描 述	单间配置	直播间数量	时间维度（月/次）
直播间配置	直播间背景墙装修		1	10	1
	直播间地板装修	瓷砖	1	11	
	空调		1	10	1
	摄影灯（柔光箱）	150W，金贝	1	10	1
	摄影灯（柔光球）	150W，金贝	1	10	1
	美颜灯	22寸大灯	2	10	1
	直播间电脑	8G内存起，运行3 000Hz以上	1	10	1
	键鼠套装	罗技，无线	1	10	1
	网线	千兆	1	10	1
	罗技摄像头+支架	C1000E，带1.6m支架	1	10	1
	插座	公牛	3	10	1
	直播间办公桌	2m×0.8m	1	10	1
	直播间办公椅	轻奢款	2	10	1
	直播间网络	百兆级网络，电信	1	10	12
	桌面版手机支架		1	10	1
	手机充电线	3口充电线	2	10	1
	USB多口充电器	5个USB口	1	10	1
	直播间置物架	5层	1	10	1
	推车型零食斜口货架	推车型	1	10	1
	电饭煲		1	10	1
	多功能电炒锅		1	10	1
	碗碟套装		1	10	1
	汤勺筷套装		1	10	1
	垃圾桶		2	10	1

（续表）

投入类型	投入项目	描述	单间配置	直播间数量	时间维度（月/次）
样品间配置	冰柜	1 018L	1	10	1
	货架型置物架	4层，120cm×40cm×150cm	10	10	1
	空调		1	1	1
厨房间配置	开放式厨房装修		1	1	1
办公区配置	办公桌椅	4人位办公桌椅	3	1	1
	办公电脑		12	1	1
	键鼠套装	罗技，无线	12	1	1
	无线打印机	无线	1	1	1
	空调		1	1	1
	插座	公牛	8	1	1
	无线路由器		1	1	1
	USB多口充电器	5口	3	1	1
	充电线	3口充电线	10	1	1
	饮水机		1	1	1
	网络	企业级网络	1	1	12
	网线		12	1	1
	华为手机	登录主播账号	1	10	1
招待室配置	整套茶桌椅		1	1	1
	茶盘及茶具		1	1	1
会议室配置	整套会议桌椅	12人位	1	1	1
	投影仪	极米	1	1	1

步骤7 直播间的测试及调试。

直播间装修到位、直播设备安装到位之后，安排人员进行测试及调试，确保整个直播间的视觉效果达到理想状态。

直播行业的发展，必然要求直播间在画面、音质、场景等方面不断地进行迭代升级，也推动着主播从手机直播时代快速过渡到电脑直播时代。随之而来的是直播间的设备配置也从手机直播配置升级到电脑直播配置。

直播间设备的配置是否得当，不仅直接影响主播在粉丝面前所呈现出的整体效果，而且影响直播间的运营成本、响应速度和配合速度。

基于电脑直播的现实需求，以下直播间基础设备清单可以满足打造基础功能直播间的需求，见表2-5。

表 2-5

大类	配置	实现功能	现实要求
网络设备	百兆网络	满足直播间数据上传及下载需求	上行 4Mbit/s
	千兆路由器	高清直播间数据全速传输	实现电脑端数据传输通畅，手机端观看直播流畅
	千兆网线	高清直播间数据全速传输	实现电脑端数据传输通畅，手机端观看直播流畅
办公设备	打印机	提供文档打印功能	满足直播间直播脚本、重要提示、活动信息等文档打印需求
	摄像头	通过摄像头进行有声音、有画面的网络沟通	至少可提供 720P 的清晰度、自带收音功能最佳
	办公桌椅	满足办公需求	满足主播、助理的办公需求
	主播电脑	稳定、流畅地运行直播及办公软件	CPU 运行大于 3.0 Hz，建议内存 8G 及以上
	助理电脑	稳定、流畅地运行辅助及办公软件	台式机优先，能顺畅运行钉钉、微信、旺旺及 Excel 等办公软件
	手机	方便主播随时查看粉丝评论	千元机及以上级别
灯光设备	顶灯	形成均匀的平面发光，保证整体环境亮度	效果要求：照度均匀性好、光线柔和、舒适而不失明亮 观感要求：直播镜头成像无频闪
	摄影灯	作为环境光，提供泛光源照射	优秀的灯光色温还原度，满足呈现鲜艳度和画面感的需求
	美颜灯	局部补光，提高局部的亮度	满足重点凸显脸部及细节的需求

一、网络设备

网络设备是用于连接网络、维持网络数据传输功能的物理实体。基本的直播间网络设备包括但不限于交换机、路由器、网线、无线接入点（WAP）和调制解调器等。

就现阶段的直播而言，直播间网络通畅的前提要求是满足上行 4Mbit/s 的要求（淘宝直播的明确要求）。以电脑直播为例，数据传输有 4 个重要的节点必须满足。

（1）从电脑端到路由器之间的网络必须具备传输 4Mbit/s 数据的能力。

（2）路由器本身必须具备传输 4Mbit/s 数据的能力。

（3）从调制解调器端到路由器端之间的网络也需要具备传输上行 4Mbit/s 的能力。

（4）网络线路本身具备上行 4Mbit/s 的能力。

按照上述 4 点要求，实际工作中的网络设备配置一般要求是"百兆级别宽带 + 千兆级别路由器 + 千兆级别网线"。

在宽带的选择上，基于保障网络速度和质量的考虑，业内人士一般按照"南电信北联通"的方法选择宽带。

建议选择电信的省份（省级行政单位）：浙江、广东、广西、湖南、湖北、福建、上海、江苏、安徽、江西、四川、重庆、贵州、云南、西藏、海南、山西、甘肃、青海、宁夏、新疆。

建议选择联通的省份（省级行政单位）：辽宁、吉林、黑龙江、北京、河北、天津、山东、内蒙古、河南、山西。

二、办公设备

基于主播、主播助理、商务、运营等角色的工作内容，加上直播间本身的功能属性，打印机、摄像头、办公桌椅、主播电脑、助理电脑、手机等是基础的设备配置。

作为必需的办公设备之一，推荐使用台式机作为主播电脑，主要用于运行电脑版直播软件。之所以电脑直播会盛行，究其根本原因，在于电脑直播可以提供清晰度更高的画面，通过电脑操作还可以实现更多的辅助功能，如通过辅助插件实现批量上架商品到直播间、实现定时自动发送关注卡片、实现关键词自动回复等功能。

之所以不推荐笔记本作为主播使用的电脑，主要是基于以下几个方面的考虑。

（1）目前电脑版的直播软件，对于 CPU 的运行要求达到 3.0Hz 以上，而办公室配置的商务娱乐笔记本不满足此要求（商务娱乐本大多使用降压 CPU，CPU 运行基本在 3.0Hz 以下）。

（2）高性能游戏本虽然能满足要求，但是性价比对于台式机并无优势。从成本的角度考虑，不建议配置高性能游戏本作为主播电脑。如需涉及外场直播，考虑到方便性，基本以手机直播为主或要求合作方提供满足要求的电脑。

摄像头的配置主要考虑满足功能性要求：至少 720P 的清晰度，具备自动聚焦、缩放等直播操作中会用到的功能。直播需要声音和画面一起传输，如果所配置的摄像头不具备收音功能，就需要另外配置话筒及声卡等设备。

在平台不支持 OBS 推流及高清直播的情况下，罗技品牌的 C920E、C922、C930E、C1000E 等型号可以满足直播的基础需求。

三、灯光设备

直播间灯光配置是直播画面质量高低的重要影响因素之一。科学配置的灯光让整场直播的画面、色调、清晰度、层次感、主播形态、肌肤状态、商品细节等得到更佳的展示。对于主播和企业而言，需要对灯光设备的种类、色温等作出细致的考量，才能顺利地打造出主播满意、粉丝喜欢、访客惊喜的灯光效果。

直播间的灯光设备，基础配置要求有主光源设备、辅光源设备、局部光源设备。通常，主光源设备由顶部光源担当，选用"吸顶灯＋筒灯"的组合搭配为主。吸顶灯用于直播中心区域的照明。筒灯则用于主活动区域外的照明。两者搭配形成一个明亮的环境。

主光源的颜色选择上,以冷光(建议正白色)为主,主要起到以下两个作用。

(1)主播置身于冷光的环境中,会比较清醒。

(2)在冷光的环境下,主播的肤色会更显白皙透亮。

在部分直播间的设计中,吸顶灯因为亮度方面的限制,可能在层高较高的直播间中无法发挥该有的主光效果,此时可以考虑采用能调节高度的条形灯进行替换。

辅助光设备以摄影灯为主,一般选择功率100W及以上的摄影灯。目前的摄影灯,在选择上主要是着重于灯罩的挑选。摄影灯的灯罩常见的有方形灯罩、八角形灯罩、灯笼型灯罩(又称球形柔光箱)、球形灯罩(又称球形柔光球)四类,见表2-6。

表 2-6

灯罩类型	灯罩样式	灯罩作用说明
方形灯罩		可以进行定向补光,光照面积大,光线柔和不刺激,可重点表现人的皮肤质感和色彩
八角形灯罩		八角面设计,内部反射更加均匀,出光面更接近圆形,搭配影室灯、外拍灯使用,可重点表现眼神的光彩
灯笼型灯罩		接近360°照射面,光线照射中心点高光到边缘层次感丰富,光线柔和不刺激眼睛。标准色温,色彩饱和度高
球形灯罩		可以产生360°全方位漫射光线,色彩饱和度高,照射面积广。光线柔和,对眼睛视觉无刺激,通常用于对光线柔和要求程度较高的场所

4种灯罩各有其特点,适合发挥不同的作用。球形灯罩(又称柔光球)因为其光源发散范围较广且均匀、高透光的特点,适合用于提高整体环境的亮度,弥补主光源的亮度。其他三种灯罩因为光源发散范围集中为一个方向的特点,适合用于做侧辅助光,或者在美妆、美食等近距离直播中充当局部光设备的作用。

色温是一种衡量温度的方法,通常用在物理和天文学领域,基于一个虚构的黑色物体,在被加热到不同的温度时会发出不同颜色的光,其物体呈现为不同的颜色。就像加热铁块时,铁块先变成红色,然后是黄色,最后会变成白色。

使用这种方法标定的色温与普通大众所认为的"暖"和"冷"正好相反,如通常人们会感觉红色、橙色和黄色较暖,白色和蓝色较冷,而实际上红色的色温最低,逐步增加的是橙色、黄色、白色和蓝色,蓝色是最高的色温。

针对步骤4中的方案制订,在实际工作中需要从长远规划的角度,统一规划。涉及设备采买时,为降低成本,可以通过闲鱼、社群等渠道购买二手设备。

针对步骤7中的直播间调试,除了在直播间装修完成之后需要调试,在日常直播中,遇到平台软件版本升级、灯光设备更换、摄像头更换等情况时,必须进行调试以确保直播效果。

知识训练

1. 直播间基础配置清单里,能实现直播间数据上传及下载需求的配置是（　　）。[多选]
A. 百兆网络　　　　B. 千兆网络　　　　C. 千兆路由器　　　　D. 千兆网线
2. 就现阶段的直播而言,直播间网络通畅的前提要求是满足（　　）。[单选]
A. 上行8Mbit/s　　　B. 下行8Mbit/s　　　C. 上行4Mbit/s　　　D. 下行4Mbit/s
3. 直播间布置与装修方案的制订,以下正确的有（　　）。[多选]
A. 用途　　　　　　B. 预算　　　　　　C. 选址　　　　　　D. 装修
4. 以电脑为起点,直播数据传输的4个重要节点必须满足哪些条件?
5. 简述直播间主光源的选择以冷光源为主的原因。
6. 简述4种灯罩的特点及作用。

技能训练

1. 3～5人一组,在课堂上完成小组的组建,确定平台及类目,按步骤分配任务。
2. 课堂上完成平台官方直播间设备的有关文档、类似企业的筛选、头部账号的筛选、有关经验的搜索与收集、各类表格的基本设计、讨论方案的框架。
3. 安排课后作业,以小组为单位,完成有关表格的制定,形成讨论方案,在规定的时间内交给老师。
4. 老师根据各组的课后作业,选择有代表性的组别并要求做简要分享,教师点评。

"筛选并采购直播间设备"技能训练表，见表2-7。

表 2-7

学生姓名		学　号		所属班级	
课程名称				实训地点	
实训项目名称	筛选并采购直播间设备			实训时间	
实训目的： 1. 掌握导购型直播间所需要设备的选型与采购。 2. 掌握直播设备的安装与调试。					
实训要求： 按照操作步骤完成以下内容： 1. 根据要求，明确小组各成员分工，落实到人。 2. 通过课后讨论，完成方案的制订并分享。 3. 通过训练，掌握基于已有资源完成相关工作任务的基本流程及方法。					
实训截图过程：					
实训体会与总结：					
成绩评定（百分制）			指导老师签名		

二维码扫一扫，下载实训表格。

任务 2-2　完成直播间的装修与陈列

小王制订的方案经过多次讨论，终于获得通过。接下来，小王还将负责将方案落地。方案落地的难点，在于将预设效果最大限度地还原。除了效果还原，还会遇到不理想的情况需要临时调整设计方案与设备方案。比如，原本购买的桌子的长度和宽度不够，导致主播在直播时出现商品堆放位置不够用的问题。对此，小王提出了定制桌子的方案，通过定制桌子，解决了直播时的商品堆放问题。

知识目标：
1. 了解直播间装修的基本要求。
2. 了解符合商家调性的直播间陈列方式。

技能目标：
1. 能根据商家的调性制定合适的直播间装修方案。
2. 能通过直播间的陈列提升直播间的视觉效果和商品销售的转化率。

思政目标：
1. 直播间装修要能够保障安全，切勿偷工减料，留下安全隐患。
2. 具备宏观意识，既能从全局出发思考问题，又能观察入微，发现细节。

4 学时。

步骤1 选定一个空间（20～30m²）作为直播间，用途为美妆直播。

步骤2 根据背景墙（玻璃）的特点，设计师将窗帘作为整个直播间的大背景。根据灯光设备、桌椅、走动路线、配合人员、空调所在位置等预先规划方案，安装电线、插座、网线等供电供网设备。完成背景装修、供电供网设备安装之后，对整体空间进行装修垃圾清理，再进行桌椅、电脑等摆放。如图 2-1 所示。

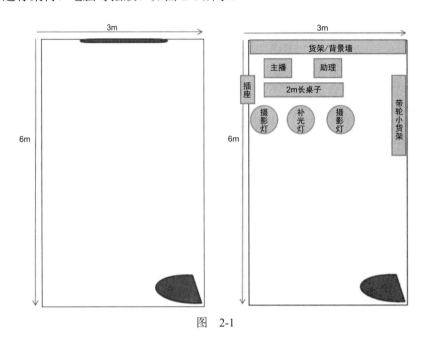

图 2-1

步骤3 安装灯光设备，为灯光设备挑选合适的角度。

在灯光设备的安装上，有两种方案可以选：①无顶灯的方案，适用于别墅、客厅等不适合做顶灯改造的直播环境，也适合层高较高的直播间。②有顶灯的方案，通常需要对现有的顶灯进行改造，更换为满足直播要求的顶灯。

无顶灯的方案，会要求更多数量的辅助灯。摄影灯主要用于提亮整体环境和背景。美颜灯主要用于提亮局部，如脸部、商品。电商直播作为以引流销售为商业目的的内容形式，灯光需要考量是否达到"营销性"。白里透红的主播肤色与暗沉模糊的主播肤色，传递给粉丝的观感自然存在极大的区别，最终变成数据方面的对比，如在线人数、停留时间、点击率和粉丝黏性等方面的数据区别。无顶灯灯光方案，见表 2-8。

表 2-8

配置投入	配置方案	方案说明
低投入	2 盏摄影灯 +1 盏美颜灯	1 盏灯笼型或球形摄影灯，位于主播侧前方，用于提亮整体环境的亮度 1 盏方形摄影灯，位于主播侧前方，用于提亮直播背景的亮度 1 盏美颜灯，位于主播前方，用于主播面部补光及商品补光
中投入	4 盏摄影灯 +2 盏美颜灯	1 盏灯笼型或球形摄影灯，位于主播侧前方，用于提亮整体环境的亮度 1 盏灯笼型或球形摄影灯，位于主播侧前方，用于提亮整体环境的亮度 2 盏方形摄影灯，位于主播后方两侧，用于提亮直播背景的亮度，从背后形成人体的轮廓光 1 盏美颜灯，位于主播前方，用于主播面部补光及商品补光

（续表）

高投入	4 盏摄影灯 +3 盏美颜灯 +2 盏背景灯	1 盏球形摄影灯，位于主播前方，用于提亮主播正面亮度及整体环境亮度 2 盏方形摄影灯，各位于主播前方两侧，用于提亮所在侧的直播背景亮度、装饰物 1 盏球形摄影灯，位置高于其他灯，通过天花板的漫反射，提高顶部的亮度 1 盏美颜灯，位于主播前方侧边，打亮主播脸部位置（根据实际情况分析） 1 盏美颜灯，位于主播前方侧边，距离比另一盏脸部灯更远，两者配合达到最佳的光效比 1 盏美颜灯，位于主播前方，位置低于脸部，用于消除脸部正面的阴影，也用于提亮商品 2 盏背景灯，位于主播后方，通过后方补光，勾勒主播的整体轮廓

美食、美妆、母婴等坐播型主播，中低投入方案较为合适，也常用于底部及腰部主播的直播间。穿搭主播适合采用高投入方案，能更好地衬托衣服的质地。对于取得高清直播权限的主播，设备投入预算则更多。

有主灯的方案，则是在前述无主灯方案的基础上，再在直播间顶部安装散射环境光的无影灯，可以避免因为环境亮度不均匀，直播时光线亮度不一而造成主播脸部曝光或背景颜色频繁变化。无影灯需要刚好位于主播所在位置的顶部，如图 2-2、图 2-3 所示。

步骤4 基本布置和陈列完成以后，进行线上测试。测试过程中检查陈列是否合适、灯光是否合适、收音是否正常等。如图 2-4 所示为同一直播间调试效果对比。

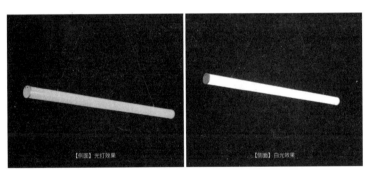

图　2-2

图　2-3

图 2-4

相关知识

直播间的装修和陈列主要考虑三个方面：硬装、软装和灯光。

1. 硬装

（1）直播间的面积。总体而言，在设计直播间面积时需要预留空间。预留空间用于存放样品、后台操作人员办公、过道、更换背景，以及不同类目间直播时展示架、货架、样品的摆放等。一般而言，穿搭类对于面积的需求在 $50 \sim 100m^2$，层高不低于 $2.7m$，过低的层高会让空间显得压抑；美妆、食品类对于面积的需求在 $30m^2$ 左右；饰品珠宝类目前在展示上以商品为重点，对场地大小的要求最低，$10m^2$ 大小即可满足基本需求。

（2）直播间的背景墙。背景墙的材质及颜色会影响直播间的成像效果。在相同的设备配置下，两个不同背景的直播视觉效果会有较大的差异。首先，背景材质及颜色对于光的反射率和吸收率存在较大的区别。其次，多数摄像头在颜色默认上是光比同质化，即白上显白、黑上显黑。所以，最后呈现出的两个直播画面可能出现两极分化的评价。实际上，当背景颜色出现问题时，很难通过调整灯光、调试摄像头来获得比较理想的直播画面效果。

实际操作中，除了出镜墙面不以白色作为背景色以外，其他墙面则以白色为主，因为白色有漫反射的作用，能让光线更加柔和，其他颜色则会出现色温难以控制且容易让光发生变化的情况。在做具体的设计时，可以考虑设计符合品类调性的背景墙，达人主播在设计背景板时考虑的着重点是粉丝审美与领域特性。商家直播更多地可以考虑将品牌信息在背景上呈现，借助直播镜头更好地将品牌理念传递给观众。

背景要能够符合直播品类或者主播的调性。例如，主播人设是小资，直播间的背景最好选择有档次的场景。

（3）装修注意事项。直播区域有大量的设备、接线板及电线，在工作人员走动或主播在展示的时候，容易发生牵绊或意外触碰的情况。因此，在装修的时候，地面设置线槽可以更加方便地将混乱的电线和网线收纳规整，既能避免发生意外事故，又能延长线路使用时间，还能做到美观、不凌乱。

2. 软装

装修的基本原则是大气、简洁、干净、素雅。装修是为主播服务，所以直播间的视觉重点是主播，而不是装修。切勿让装修抢夺应该聚焦在主播身上的目光。

活动期间，通常还要设计跟活动主题匹配的KT板作为背景放在直播间。直播间的背景需要经常更换，在节日、大促等重要节点或自组织活动有必要使用专门的活动背景板。这类背景更多地使用KT板或者喷绘布。正如前面所讲，在布置整体场地时，应预留更换背景的区域和空间，以应对直播各类活动背景更换的需求。

现阶段比较流行的做法是使用电视作为背景，好处在于，一来70～80寸的大屏幕显得大气，性价比很高；二来可以同步演示商品的视频和重要信息，可以随时响应活动需求完成展示。

从装修的角度来考虑，可以添加柜子、沙发、椅子、装饰画等作为背景。

如服饰类涉及全身出镜的直播，首先需要注意层高，一般不建议低于2.7m，低于2.7m会显得压抑，不适合直播。其次，可以在角落摆放一些物件，起到延展视觉深度的作用。

对于小空间的直播间来说，有个比较方便的背景装修方法——背景布。背景布具有样式多样、布置简单、方便更换等优点。

3. 灯光

（1）灯光的类型。直播间内使用的灯光一般分两种类型：①日常灯光，即家用或办公用灯光，这类灯光较少考虑的原因是色温和频闪难以满足直播的需求。②专业影视灯光。

（2）灯光的参数。直播间内对灯光参数的要求，一个是色温，另一个是强度。

色温会影响冷暖，电商直播需要真实还原商品的面貌，对颜色要求很高，基础色温是5 500K，适合服装、鞋子、帽子等商品，能够较为真实地反映商品本身的材质、肌理。美食类，尤其是肉类商品，可以考虑加装海鲜灯，借助灯光，可以让商品更有诱惑力。

（3）布光方式。直播间布光一般分两类，一类以小空间直播为主的布光方式，另一类以大空间直播为主的布光方式。

小空间布光方式比较简单，在保证室内光线充足的情况下，使用环形灯在主播面前摆放，保证亮度均匀即可。如图2-5所示。

图 2-5

大空间布光方式较为复杂,适合光线要求较高的商品直播,如服装直播、专柜直播等。如图 2-6 所示。

图 2-6

背景灯的主要用途是为直播间背景提供亮度。直播间背景一般带有本场直播的相关信息,如专题海报、品牌 LOGO,还可以产生空间层次感。

主灯的主要用途是为整个直播间提供亮度,保证整个直播间的光线充足且均匀。

辅灯的主要用途是解决主灯无法提供的局部照明问题。通过定向给光,主播脸部能够得到提亮并呈现白皙的效果,也能消除鼻翼、下巴等地方的阴影,实现较好的上镜效果。

一般情况下会考虑关闭顶灯,因为顶灯照明容易呈现亮度不均的情况。

在直播间背景墙、装修物的选择上,比较理想的做法是根据主播的定位,通过对定位下的目标粉丝日常习惯和消费习惯的分析,设计更贴近目标粉丝的场景,以增强粉丝的认同感。整体设计上,需要考虑风格、摆件、场景等全方位的配合,才能在第一眼感兴趣、第二眼愿停留、第三眼愿长留的粉丝养成阶段收获粉丝。

以美妆主播为主,美妆主播除了比拼专业知识、美妆技巧、外貌以外,是否能够借助外力形成独特的记忆点也很重要,如李佳琦直播间用一整面的口红布置为背景墙,借助口红墙与其他主播形成了明显的区隔。以同样的思路,除了口红以外,是否可以借助腮红、眉笔、粉底、眼影等与其他主播形成区隔呢?

在灯光设备的选择上,光源是否为标准的色温,包括摄影灯配套的灯罩透光度、透光效果都需要慎重考虑。

知识训练

1. 背景墙的材质及颜色会影响直播间的(　　)。[多选]
A. 成像效果　　B. 美观　　C. 舒适度　　D. 风格

2. 不适合中低投入方案的主播类型是(　　)。[单选]
A. 美食　　B. 美妆　　C. 母婴　　D. 穿搭

3. 直播间的装修和陈列主要考虑(　　)三个方面的因素。[多选]
A. 硬装　　B. 软装　　C. 灯光　　D. 都不是

4. 实际操作中,为什么除了出镜墙面不以白色作为背景色以外,其他墙面则多以白色为主?

5. 装修的基本原则是什么?

6. 以美妆博主为例,怎样通过布景、灯光等因素,给观众留下独特的记忆点?

技能训练

"完成直播间的装修与陈列"技能训练表,见表2-9。

（续表）

表 2-9

学生姓名		学　号		所属班级	
课程名称				实训地点	
实训项目名称	完成直播间的装修与陈列			实训时间	
实训目的： 1. 能根据商家的调性制订出合适的直播间装修方案。 2. 能通过直播间的陈列提升直播间的人气和商品销售的转化率。					
实训要求： 按照操作步骤，形成一份直播间的装修方案。					
实训截图过程：					
实训体会与总结：					
成绩评定（百分制）			指导老师签名		

二维码扫一扫，下载实训表格。

项目 3
直播策划与实施

　　一场成功的直播离不开前期策划和过程控制。前期策划主要包括直播选品、直播预热、脚本策划。其中，直播选品关系重大，直接关系着直播成交数据的高低。直播预热需要调动各类资源宣传直播信息，为直播间导入流量。脚本策划很大程度上决定着一场直播是否有趣、好玩，以及是否充满抢购的氛围。过程控制主要是制定团队配合流程和应急预案，保证直播顺利进行。后期复盘需要通过数据分析对每一次直播进行深刻的反思和经验总结。经过复盘，团队可以查漏补缺、去芜存精，让直播效果不断得到提升。

项目提要

　　本项目以淘宝平台店铺直播及达人直播为例，通过学习基本的选品技巧、预热方法、脚本策划逻辑以及突发状况应对方法，训练团队的直播策划和场控能力。

项目思维导图

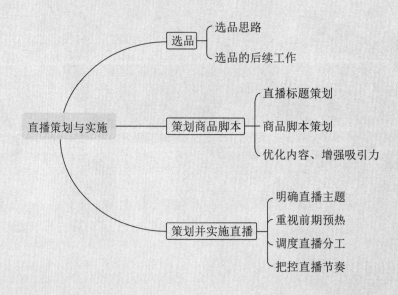

引例

吴迪刚刚成为十二画的实习生,主要的工作是配合所在的直播运营团队完成前期策划任务及做好直播场控工作。接下来整整一周的时间,团队都在马不停蹄地选品、收集资料,一场直播60个商品,每一个商品的特点是什么、背景选什么、价格怎样变动、有什么样的福利,都要整理在脚本里。主播也很辛苦,要在短短的几天里测试各种商品、记住所有的资料、熟悉各种流程,演练临场话术。

之前只是看过直播,但从没参与过幕后工作的吴迪,从此对电商直播有了更加深刻的认识:以前从买家的角度看,直播很简单,只要摄像头一开,主播就滔滔不绝地开始讲解商品;但实则不然,一场直播从吸引用户进入,到用户愿意在直播间停留,再到用户信任主播所推荐的商品下单付款,这些都离不开前期运营和过程控制。

建议学时

12学时。

任务 3-1 选品

吴迪最近参与了选品工作,负责选品的同事小飞告诉他,某直播团队的选品是目前直播团队里最严格的,商家仅仅是进入该团队的直播间,就要过以下四关。

第一关,初筛。商家在网上报名,招商团队根据品牌的知名度、各平台的评价以及粉丝的需求等标准进行初步筛选。

第二关,试样。该团队有一支几十人的商品体验团队,试用并且填写体验反馈报告,80%以上的人认为好才能通过。如果涉及美妆商品,会由体验团队成员中的化工专业博士、医师等专业人员检查成分。护肤品要使用一周后给出具体的体验报告。

第三关,价格。通过体验的商品要有专属于该团队的优惠折扣。

第四关,也是最为关键的一关,所有被筛选通过的商品能否上直播,该团队拥有一票否决权。

虽然其他主播团队未必有该团队这么严格,但流程也是差不多的。对于店铺直播来说,商品都是自己的,商品配置更加重要。

知识目标:

1. 了解选品的相关知识。
2. 了解常用的商品配置比例。

技能目标:

1. 能够根据主题选择合适的商品。
2. 能合理配置商品比例。

思政目标:

1. 能够认真谨慎地对待选品工作。
2. 能追求进步,根据数据反馈不断优化选品和配置。

建议学时

4学时。

操作步骤

步骤1 以"好吃不长胖的熬夜党零食"为主题,按照以下比例,选择15~30款直播商品,进行分类后把相关信息填入表中,见表3-1。

表 3-1

主推商品(50%)	畅销单品(30%)	连带商品(10%)	辅助类目(10%)
商品1:名称、价格 商品2:名称、价格 ……	商品1:名称、价格 商品2:名称、价格 ……	商品1:名称、价格 商品2:名称、价格 ……	商品1:名称、价格 商品2:名称、价格 ……

步骤2 根据商品的特点、卖点、优先级等,做一张商品筛选表,见表3-2。

表 3-2

分级依据	名称	特点	卖点	热度	竞争力	受众	价格
1级							
2级							
3级							

步骤3 根据商品筛选表,按照优先级梳理直播流程,即在有限的时间内,从开场准备、切入话题、展示下单、商品链接、抽取红包或优惠券、场控安排等,列出详细的流程清单,见表3-3。

表 3-3

时间	环节	小主题	介绍方式	介绍要点	人员配合	配合物料

步骤4 撰写必要的文案和话术提示板,防止直播过程中出现主播忘词等意外状况。

步骤5 预设直播的明星商品,必须选择有潜力被购买的商品。

步骤6 直播前的最后准备,检查设备是否正常,准备突发状况下的备用方案。

　　无论是从商家的角度,还是从达人的角度来看,选品都是重中之重。常见的直播间商品组合比例不合理、商品之间缺乏串联思维、不懂得结合平台优惠活动设计购买方案,这些看似浅层次的问题,实则在深层次反映了主播团队缺乏商品选品逻辑和商品配置逻辑。

一、选品思路

1. 确定主题

　　每一场直播的目的都是销售,尤其是生活消费类商品,与生活息息相关,随处可见。因此,更需要对每一场直播进行主题策划,通过提炼商品的优势,明确直播的受众,以鲜明的主题、风趣的讲解方式开展选品工作。

2. 选择及配置商品

　　好卖的商品都有哪些共同的特征呢?主要是"性价比高""主播匹配度高""及时满足粉丝需求"以及"特点鲜明"。

　　一场直播短则两三个小时,长则七八个小时,如果主播介绍的商品平淡无奇,粉丝很容易产生审美疲劳,购物欲望不能被激发。所以,选品上要做到内容丰富、风格统一、套系匹配、功能齐全。

　　以女装品类店铺直播为例,如果主题是"冬天拍照必学穿搭",那么商品应当具备显瘦效果、色彩感、设计感,同时还应以兼具保暖功能的外套、毛衣、保暖裤为主。另外,还可以选择鞋子、帽子、围巾、包等商品作为辅助。

3. 商品配比

　　在做商品配比规划时,需要记住三大要素:"商品组合""价格区间"和"库存配置"。合理的商品配比,可以大大提高商品的利用程度,最大化地消耗单品库存。

　　商品组合比例配置参考,如图 3-1 所示。

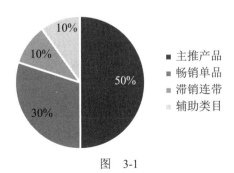

图 3-1

可以根据实际情况，根据商品属性进行选品。

（1）印象款。印象款是促成直播间第一次交易的商品，等同于第一印象，是消费者和主播能否建立长期关系的基础。因此，建议选择人群覆盖面积广、高性价比、客单价低、易成交的常规商品作为印象款，如穿搭直播间可选择最常见的打底裤、百搭 T 恤等。

（2）引流款。引流款是商品中最吸睛、最具关注度的款。它可能胜在外观独特，也可能胜在价格优惠，又或者胜在频繁种草积累了口碑。粉丝对这类商品的点击率会高于一般的商品，但因为采用的是低价跑量策略，所以无法带来可观的利润。

（3）利润款。在设置引流款的时候，为了增加竞争力，通常会设一个很低的价格，不赚钱甚至亏本，所以利润款才是支撑整场直播间利润的商品。

4. 价格区间

作为常识，直播间商品的价格区间通常不会出现太大的跨度。这里要特别强调的是，需要懂得价格区间跨度的反向利用，如今天的直播有一款 400 元的破壁机，可以寻找一款 1 000 元左右的同类商品，通过价格和功能对比，凸显 400 元破壁机的性价比，这样的价格区间反向使用，可以降低粉丝的决策成本。

5. 库存配置

需要特别关注库存配置，因为它是提高直播数据及转化非常重要的因素。考虑库存数量设置时通常有一个原则——"保持饥饿"，即根据在线人数配置库存数量，让库存数量永远低于在线人数，让整个直播间一直处于"手快有手慢无"的氛围。

6. 实时调整

在直播的过程中，有经验的主播或者有经验的运营团队，会按照直播过程中的实时数据变化来调整货品规划。例如，在直播的过程中，发现某商品的各项数据都不理想，应当减少既定直播时长及复播安排，空出来的时间安排各项数据更加理想的商品。又或者，发现某商品的数据一直在飙升，可以延长直播时长，甚至可以考虑后续做返场直播。

二、选品的后续工作

在确认完成精准化货品配置的几大核心工作后，为了更加有效地利用已有货品资源，还需要做好"已播商品的预留返场"这项后续工作。通过商品点击排行、商品成交排行、店铺销量排行等维度选择优质的预留商品，并在直播一周后，或者某些商品出现更大的优惠力度时，又或者是节庆促销时进行返场。

另外，需要关注商品更新率，以此来保证每场直播内容的新鲜感和对老粉丝的维护。那么，商品的更新比例最低要达到多少才能适应一场直播最基础的要求呢？建议一场直播的商品总更新量不低于整场直播总商品数的 60%，其中包含 40% 的流行主推款和 10% 的畅销单品。

1. 在直播平台，要注意官方的"选品机制"，大规则会有类似直播商品目录、禁播商品目录的规定，小规则则会明确到商品和店铺的具体筛选标准。如果直播的宝贝不符合选品机制的话，是不可以上架到直播间的。例如，在美妆类目的标签下面，上架的都是服饰类目的商品，会导致账号被处罚。在发布预告（中控台及淘宝直播APP都可以）中系统会根据投稿的栏目，判断你想发布的商品是否符合要求。另外，按照阿里创作平台的专注领域判定规则，每个直播间已发布商品总数的30%可以不垂直于主播的专注领域。例如，主播专注领域定位为美妆，那么每10个商品，可以有3个上架成服饰、母婴、美食等类别商品，以此类推。

2. 新人选品，可以优先选择快消品、体验类商品（如食材种植过程、工艺品制作过程等）、已被验证过的优质团购商品，或者是已经有较高知名度的商品。

3. 熟悉平台对于推广商品的具体筛选规则，如营销新八条、禁推商品目录、村播商品规则等。

> **知识训练**

1. 在直播中，设置的库存数量要比在线人数（　　）。[单选]
   A. 低　　　　B. 高　　　　C. 一样　　　　D. 都可以
2. 以下哪几种商品不适合放在同一个直播间里？（　　）。[单选]
   A. 保温杯、保温壶、烧水壶　　　　B. 自拍杆、手机支架、防水袋
   C. 春夏连衣裙、羽绒服、文艺布包　　D. 果冻、牛奶、麦片
3. 适合返场的商品通常具有的数据表现有（　　）。[多选]
   A. 实时在线人数高　B. 粉丝增长率高　C. 点击转化率高　D. 粉丝互动频率高
4. 分析一场某知名主播的直播，其主推商品是什么？分几次上库存的？每次上多少库存？
5. 店铺直播在选品时要注意哪些问题？
6. 看一场店铺直播，分析其选品有哪些特点？

> **技能训练**

"选品"技能训练表，见表3-4。

表 3-4

学生姓名		学　号		所属班级	
课程名称				实训地点	
实训项目名称		选品		实训时间	

实训目的:
1. 能够根据主题选择合适的商品。
2. 能合理配置商品比例。

实训要求:
按照操作步骤完成以下内容。以"好吃不长胖的熬夜党零食"为主题，按照以下比例选择15～30款直播商品，并把相关信息填入下表。

主推商品（50%）	畅销单品（30%）	滞销连带（10%）	辅助类目（10%）
商品1：名称、价格 商品2：名称、价格 ……	商品1：名称、价格 商品2：名称、价格 ……	商品1：名称、价格 商品2：名称、价格 ……	商品1：名称、价格 商品2：名称、价格 ……

根据商品特点、卖点、优先级等依据，做一张商品筛选表。

分级依据	名称	特点	卖点	热度	竞争力	受众	价格
1级							
2级							
3级							

实训截图过程:

实训体会与总结:

成绩评定（百分制）		指导老师签名	

二维码扫一扫，下载实训表格。

任务 3-2　策划商品脚本

经过一个多月的磨炼,吴迪进步很快,不仅对直播的流程十分熟悉,还掌握了选品的技巧。主管张经理十分满意,准备让吴迪为一场户外主题的直播撰写商品脚本,进一步培养他的能力。吴迪接到这个任务后既兴奋又紧张,马上着手开始收集商品资料,并且积极地与直播运营王小波,以及主播安琦沟通,尽力作出一份能满足运营需求、符合主播定位的商品脚本。

知识目标:

1. 了解直播标题的提炼方法。
2. 了解商品信息的搜集方法。
3. 了解商品脚本的写作格式。

技能目标:

1. 能够结合主题和商品,提炼出有吸引力的标题。
2. 能通过各种渠道搜集商品信息,并且撰写商品脚本。

思政目标:

1. 能够细致、耐心地分析商品信息。
2. 洞察力强,能从各种信息中发现买家可能会顾虑的点和买家的利益点。

4 学时。

步骤1 以你平时携带的水杯为主推商品,通过详情页找出这款水杯的卖点。

步骤2 在小红书、知乎、快手、抖音等平台搜集一切与这款水杯相关的信息。

步骤3 结合搜集到的信息,找到人们对这样一款水杯的需求点,并设计一个场景故事,让人们感受到自己对这款水杯的需求。

步骤4 把商品的细节都列出来(比卖点更加详细)。

步骤5 列出消费者可能产生的顾虑,并给出解决方案。

步骤6 写明该商品会有什么样的折扣和福利。

步骤7 将以上信息填入表3-5。

表 3-5

	具 体 内 容
商品名称	
罗列商品卖点	
多平台搜集资料	
需求挖掘	
场景故事	
细节背书	
消费者顾虑	
打消顾虑的话术	
权益展示	

相关知识

一、直播标题策划

3秒吸引法则和流量传递效率决定了必须重视标题和封面这两个要素。标题和封面,最重要的就是解决一个问题——为什么点击你的直播。具体可以从以下几个方面入手。

1. 利益法

利益法常用的角度包括抽奖、优惠、免单、红包,如"优惠不断,今日薅羊毛""宠粉狂魔,狂撒福利""夏日炎炎,红包真甜""清仓9.9元,包邮到家"。

2. 有用法

有用通常是指在看到直播标题和封面的时候,觉得能够学到或者了解到有用的知识,如"一款好发型胜过微整形""ins博主教你懒人妆"。

3. 解密法

例如，"从150kg瘦到70kg""探秘美食生产线""听说今晚有惊喜"。

4. 名人法

在直播间邀请到明星、名人等作为直播嘉宾时，特意在标题中加入明星、名人的名字，借助他们的影响力吸引用户进入，如"'军艺校草'来了哦""听说，今晚娘娘来啦"。

综合起来看，直播的封面和标题要结合直播主题和主播人设，找到吸引消费者的那个点，以一个细节为切入口，用一个话题带出本场直播最吸睛的内容点，切忌"虚"和"空"。

二、商品脚本策划

电商直播中，最重要的环节之一就是商品讲解环节，能不能让消费者产生信任感，能不能让消费者产生购买欲望，直接关系着最后的成交数量，所以商品脚本值得重视和付出更多的精力进行优化。

在进行商品脚本策划之前，首先要明确一个最基本的思路，商品脚本的要点不在于写出来，也不在于写得文采斐然，而在于内在的叙述逻辑，帮助主播理清逻辑思路，主播再结合自身特点和经验进行讲解。

主播卖货的话术逻辑，也是推销话术逻辑，是"激发购买欲""消除顾虑""展示权益"，分别对应了脚本中的"场景描述""细节背书"以及"权益展示"，所以，脚本中要重点体现这三方面的内容。

1. 场景描述，激发兴趣

"激发购买欲"非常重要，是排在第一位的。所以，直播的最开始，一定要让消费者产生"想买"的冲动。让消费者产生购买欲的最好的方法就是营造一个场景，与其产生共鸣，让他觉得自己也遇到过这样的情景，需要用这个商品解决问题。

例如，针对挂烫机，可以营造这样一个场景：

职场和生活当中，大家应该深有体会，当你穿着皱巴巴的衣服出门，真的是很尴尬。虽然有人说，只要你不尴尬，尴尬的就是别人，但是穿着皱巴巴的衣服出门真的是很尴尬的。所以，如果你发现1min就可以解决衣服的褶皱，你还愿意穿着皱巴巴的衣服出门吗？换谁谁也不会愿意。

通过这样的情景，让消费者联想到自己之前遇到的类似情况，从而产生购买欲。即便是没有遇到过这种情况的消费者，也通常会为了避免出现这样的情景而产生购买欲。

那么，怎样策划出这样一个场景呢？以下有两个比较具体的方法。

（1）联想消费者一天中的24h，在这24h之内，在什么时间段，会发生哪些和商品相关联的场景，这类场景会具体产生哪些痛点、痒点及爽点。

（2）借助商品的消费者评价、相关的测评文章、相关的分享内容，从这些信息中提炼出典型的案例和场景。

2. 细节背书、互动解答

细节背书主要分为两部分内容：①把商品的细节卖点列出来，方便主播梳理信息。②列举出消费者可能会产生顾虑的地方，并设计合理的话术，配合现场演示、品牌背书等方式打消消费者的顾虑。

例如，小米充电宝，脚本中就可以列出"支持 iPhone 两次充电""可携带登机""比半个手机还小"等特点。

另外，还可以补充一些对比，加强消费者的好感，如在"比半个手机还小"的后面，可以和其他大个头充电宝进行对比。

3. 权益展示、引导消费

权益展示是促成交易的最后一步，通过展示当前商品的优惠信息，指明消费者能获得的福利，从而促成交易。脚本中要尽可能列举清楚价格差异、优惠券和福利等权益信息。

三、优化内容、增强吸引力

这里总结了吸引消费者注意力的 6 种方式，在设计标题以及优化具体话术时更加有方向。

1. 利益吸引

利益始终是大部分人关注的重点，这里的利益可以分为两种：①直接的金钱利益，主播的直播间有没有给消费者让利？让利多少？可以直接在标题和脚本中表达出来。②需求利益，是指你的商品能给消费者带来哪些实质性的改变，能满足消费者的哪些需求。

2. 事件吸引

一些节日、纪念日，或者一些特殊的事件，也可以吸引到人们的关注，如在标题中点明今天是"年货节"主题的直播。

3. 地域吸引

有些地域属性比较明显的商品，或者是主要受众为某一地域的消费者时，可以考虑采取地域吸引的方式，如"今天的商品是来自海南的野生菠萝，海南是中国最适合菠萝生长的地方"。

4. 关系吸引

通过一些话术，和消费者建立一种关系。

5. 兴趣吸引

寻找或建立和粉丝间的共同兴趣，如主播可以发问："有没有和我一样，特别喜欢买锅的宝宝？就是那种看见好看的锅就走不动道的？"从而建立一个共同的兴趣。

6. 荣誉吸引

平台已经有一些粉丝荣誉方面的设定，如"新粉""铁粉"及"钻粉"，或者淘宝群里的粉丝维护设置，要利用好这些已有的设定，如给新粉来一波专属优惠券。另外，主播也要注意随机给粉丝荣誉，如口播粉丝的名字、表扬积极发言的粉丝等。这些虚拟的荣誉都会让粉丝感到自己的不同，从而更加喜欢主播。

综上所述，逻辑是商品脚本的根本，剩下的就是结合主播经验和团队经验不断优化。表3-6是一个商品的脚本卡，大家可以在此基础上进行修改，找到最适合自己的脚本模式。

表 3-6

商品名称	出差用行李箱
罗列商品卖点	PC+ABS材质牢固柔韧抗摔、弧形铝框包角不怕碰撞、复古条纹设计时尚、静音万向轮、高强度铝合金拉杆、TSA海关密码锁、轻便易携带
多平台搜集资料	"出差党"、行李托运摔坏箱子
需求挖掘	行李箱报废率高、怕暴力托运损坏箱子
场景故事	有个朋友经常出差，至今用坏了5个箱子；飞机托运时箱子弹开了
细节背书	PC+ABS材质、高强度铝合金拉杆、4.1～5.9kg
消费者顾虑	什么是PC+ABS材质？高强度有多强？
打消顾虑话术	经过了5 000次拉杆测试、30 000m糟糕路况测试、400次跌落测试
权益展示	包邮、价格直降100元、前300名下单买家送高档洗漱包
物流信息	48h内发货，除西藏、甘肃、新疆、内蒙古地区，其余均发货

经验分享

1. 商品脚本的撰写，主播最好能参与，开播前也要再预习，避免直播过程中出现对商品信息不了解、不熟悉的情况。

2. 对于商品脚本，卖点和背景方面应尽可能全面、细致，但话术方面还需要主播根据自己的特点进行修饰。

3. 不是每个商品都要写详细的商品脚本，要根据自己的时间和重点去选择，把主要的精力放在主推款上，一些"辅助款"或者是"衬托款"，不需要耗费太多的时间。

同步训练

1. 商品脚本只需要写商品信息及卖点。（　　）[判断]
2. 商品脚本需要脚本策划人员和主播共同参与。（　　）[判断]

3. 商品脚本要撰写哪些内容？（　　）[多选]

A. 商品信息及卖点　　　　　　　　B. 消费者疑虑及打消疑虑的话术

C. 利益点　　　　　　　　　　　　D. 商品细节

4. 撰写商品脚本的主要思路和方法是什么？

5. 为什么主播要参与商品脚本的创作？

6. 你在观看直播中，遇到了哪些因为主播对商品不熟悉导致直播翻车的例子？

技能训练

"策划商品脚本"技能训练表，见表3-7。

表 3-7

学生姓名		学　号		所属班级	
课程名称				实训地点	
实训项目名称		策划商品脚本		实训时间	
实训目的： 1. 能够结合主题和商品，提炼出有吸引力的标题。 2. 能通过各种渠道搜集商品信息，并撰写商品脚本。					
实训要求： 1. 以水杯为例，搜集信息。 2. 策划并撰写水杯的商品脚本。 3. 分别计算点赞率、评论率。 4. 对比两个账号的各项数据指标，并结合视频内容，分析并指出两个账号各自的特点。					
实训截图过程：					
实训体会与总结：					
成绩评定（百分制）			指导老师签名		

二维码扫一扫，下载实训表格。

任务 3-3 策划并实施直播

在直播这个新兴领域,工作快一年的吴迪已经算是"老人"了,参与并且主导了大大小小不下百场的直播。这些直播中既有品牌专场直播,如雅诗兰黛专场、吉列专场等,又有知名主播合作,还有一些活动直播,而每一次直播都离不开团队,离不开精心的准备和策划。

知识目标:
1. 了解工作流程表(直播脚本)的重要性。
2. 了解工作流程表(直播脚本)的撰写思路和方法。

技能目标:
1. 能撰写合格的工作流程表(直播脚本)。
2. 能对直播时的各种突发状况做到随机应变。

思政目标:
1. 在直播的策划和实施中,能秉持正确的价值观。
2. 能注重经验的积累,灵活应对各种突发状况。

4 学时。

步骤1 根据任务 3-2 撰写的商品资料和脚本,设计直播宣传资料和话术。
步骤2 在多个平台进行宣传预热。
步骤3 策划直播,按照以下格式撰写直播脚本,见表 3-8。

表 3-8

时间		
主题		
分工		
目标		
直播流程	时间	内容
开场预热	19:30—19:35	
品牌（活动）介绍	19:35—19:40	
商品快速介绍	19:40—19:55	
福利环节	19:55—20:00	
商品讲解+互动	20:00—22:00	
返场推荐	22:00—23:00	
总结及结束	23:00—23:15	
复盘时间		

步骤4 选择一个直播平台（如快手、抖音和一直播等），按照脚本进行直播。

步骤5 对直播效果进行复盘和总结。

工作流程表，或者说直播间计划表，可以更好地把控直播的节奏、流程配合，以达到预期的目标，让直播效益最大化。而对于整个电商直播来说，工作流程有 4 个关键要素：主题、预热、分工、节奏。只要在流程表中把这 4 个要素安排好，那么直播效果就很可控了。

一、明确直播主题

主题是一场直播的基础，整场直播的内容都需要围绕主题进行拓展，如夏季上新、折扣秒杀专场等。如果内容与主题不符，会造成用户流失，如直播间标题以折扣秒杀专场为主题，结果用户进来后发现主播用了大量的时间讲新品，迟迟不提秒杀。用户点进来就是因为这场直播是他感兴趣的主题，偏离主题会导致内容不够集中，让用户不知道你的核心是什么，用户流失率必然会上升。

二、重视前期预热

直播前的预热有助于将流量汇聚到主播直播间。因此，宣传物料要提前准备好，如直播宣传海报、H5 活动页和推广软文等，并且在设计素材和推广话术时都要有重点，如强调本次直播的福利或者有名气的主播。渠道方面,尽可能多渠道、大范围地进行宣传,预算充足的前提下也可以考虑布局付费渠道,配合福利抽奖等形式,从而使全网感兴趣的潜在消费者参加。

对前期预热的重视程度和宣传渠道的资源把握是专业直播机构流量多于商家流量的原因之一,普通的商家往往过于重视节省推广费,或者太过于依赖某一个渠道,而不是反推如何结合各个渠道的综合曝光增加店铺直播间的曝光量和流量。

三、调度直播分工

直播是动态的过程,涉及人员的配合、场景的切换以及商品的展示,前期在计划表上注明分工信息,能使团队成员间的配合更加高效。

四、把控直播节奏

1. 直播脚本

把控直播节奏简单来说就是规划好时间。梳理好整个直播的流程,确定好每个时间段的事项及安排,就能帮助主播更好地把控直播进度,同时也优化了直播进程的流畅性,增加了粉丝的观看体验。见表3-9。

表 3-9

时间	2020年4月5日星期日 19:30—23:15
主题	厨房小家电折扣专场(共15款商品)
分工	主播—安迪;运营/场控—阿毛;脚本—小七;中控—王平平
目标	在线人数:2万人 转化率:10% 3号、9号成交各>800
开场预热 19:30—19:35	签到打卡、打招呼、强调每天的直播时间等
品牌介绍/活动介绍 19:35—19:40	介绍此次直播的品牌或活动主题,结合本场主推的1号商品九阳破壁机和9号小熊烧烤炉
商品快速介绍 19:40—19:55	将今天所有的款全部快速过一遍,不做过多停留,不看粉丝评论,不跟粉丝走,潜在爆款重点推荐
50元专属优惠券 19:55—20:00	发券前预热1~2min,适当互动,引导关注,然后倒计时发放50元直播间专属优惠券
商品讲解+互动 20:00—22:00	1号(10min)主推测评+优惠券+互动 2号(5min)特点+折扣 3号(5min)特点+折扣 4号(5min)特点+折扣 ……

（续表）

返场推荐 22:00—23:00	对呼声较高的几款商品进行返场推荐，再发放一波优惠券，并和粉丝互动
总结及结束 23:00—23:15	活动总结＋强调主推商品卖点＋发货时间＋下场直播预告＋引导关注
复盘时间	2020年4月5日星期日 23:30—12:30

2. 直播促销模式

直播中的促销活动、福利玩法能不断地带动人气，推动直播节奏，主要模式有优惠券、红包、秒杀、抽奖、投票、直播专享价和商家连麦，其中商家连麦是目前比较流行的一种玩法，如主播连麦商家进行现场砍价，商家相互连麦互相推荐对方商品。

总之，制定一份清晰、详细、可执行的直播脚本和一套应对各种突发状况的预案，是一场直播顺畅并取得最佳效果的有力保障。而且要注意，所有的脚本不是一成不变的，是需要不断优化的。一场直播在按脚本执行的时候，可以分时间段记录下各种数据和问题，结束后进行复盘分析，对不同时间段里的优点和缺点进行优化和改进，不断地调整脚本。通过持续性的复盘和调整，对于直播脚本的高效运用也就更加得心应手了。

1. 在设计抽奖环节的时候，需要注意做间隔性安排，切忌出现抽奖、免单等活动只安排一次的情况，应当分多次抽奖来吸引用户的关注，在吸引用户停留在直播间等待活动的同时吸引用户购买介绍的商品。

2. 开播时首先与粉丝打招呼，将此次主要的带货商品，特别是爆款商品做一个简要说明。之后每隔一段时间都应该重新对该商品进行介绍，毕竟随时会有新用户点进直播间。商品讲解是非常重要的环节，一般为了保证用户的停留时长，可以将重磅商品放在流量高峰期，爆款商品同时穿插在不同的商品之间。

3. 运营要盯着后台数据，根据直播间的数据反馈对某些环节进行适当调整，以达到直播目标的最大化。

知识训练

1. 直播策划的作用体现在（　　）。[多选]

A. 明确直播的时间、场地等基本信息　　B. 明确直播的主题和目标

C. 明确人员分工　　　　　　　　　　D. 有助于把控直播的节奏

2. 直播中的奖品设置原则有（　　　）。[多选]

A. 数量越多越好　　　　　　　　　　B. 分时段发放

C. 优惠券和奖品交替发放　　　　　　D. 有一项独特的奖品

3. 直播前刚开始需要和粉丝互动，时间最好不要超过（　　　）。[单选]

A. 1min　　　　B. 5min　　　　C. 10min　　　　D. 15min

4. 直播脚本主要包含哪些内容？

5. 观看一场直播，列举其中的优惠券、奖品等福利活动是如何分布的？

6. 观看一场直播，列举主播在商品介绍方面比较有亮点的地方。

技能训练

"策划并实施直播"技能训练表，见表3-10。

表 3-10

学生姓名		学　号		所属班级	
课程名称				实训地点	
实训项目名称	策划并实施直播			实训时间	
实训目的： 1. 能撰写合格的工作流程表（直播脚本）。 2. 能对直播时的各种突发状况做到随机应变。					
实训要求： 1. 根据任务3-2撰写的商品资料和脚本，设计直播宣传资料和话术。 2. 在多个平台进行宣传预热。 3. 策划直播，按照表3-3撰写直播脚本。 4. 选择一个直播平台（如快手、抖音和一直播等），按照脚本进行直播。 5. 对直播效果进行复盘和总结。					
实训截图过程：					
实训体会与总结：					
成绩评定（百分制）				指导老师签名	

二维码扫一扫，下载实训表格。

项目 4　主播讲解技巧

直播带货已经从互联网商家向线下实体店铺延伸，直播已经变成新的获取客户的渠道和就业方向。然而，并不是每个人都能像头部主播一样日进斗金。想要做好直播，主播是最关键的因素之一。究其本质，主播在线上直播销售跟线下商店的销售员、导购员的销售在本质上并无区别。

销售业绩想要好，销售技能少不了。同理，一个优秀的主播，必然具备优秀的讲解技巧。在直播时不仅可以洒脱自如地展现才艺，还能将自己所介绍的商品甚至整个行业的情况介绍得深入人心。因此，主播是否懂得抓住消费者痛点，是否懂得与消费者进行有效的沟通，是否懂得成单技巧，是否懂得获取消费者的信任，就变得尤为重要。

本项目以淘宝直播为例，通过熟悉消费者心理特征，了解主播讲解步骤，掌握主播商品讲解的技巧与话术，掌握好用的直播玩法，从而提升运营者的直播带货技能，可以更加有效地吸引粉丝、扩大流量、提高销售量、增加利润。

项目思维导图

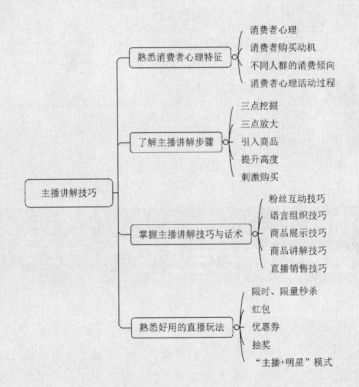

在直播中，转化率是衡量直播团队对于流量利用效率的关键数值。直播间的转化率，除了与直播团队的选品、活动策划、节奏把控、人员配合等息息相关以外，主播也是非常重要的影响因素。实际工作中发现，相同的商品、相同的优惠力度，在直播间总体流量相差不大的情况下，不同主播的转化率能够相差5～10倍，这也意味着主播的能力，尤其是对于商品的讲解技巧存在理解和掌握上的差异。

因此，直播带货非常考验主播的能力，如何让用户通过直播深入了解商品从而下单购买，需要主播的口才结合直播技巧，才能打动用户的心，将观看量最大限度地转换为购买量。

16学时。

任务 4-1　熟悉消费者心理特征

自行摸索入行的主播小倩发现自己的转化率一直在1%上下浮动。对比同时期入行的主播远高于自己的转化率，她既羡慕又焦虑。她想努力，却又找不到发力点。在学习了十二画的运营后，小倩终于明确了自身的发力点，需要加强自己对于消费者心理的深刻认知，需要完善商品讲解步骤，需要优化讲解话术与技巧，需要活用促进成交的策略玩法。

知识目标：

1. 了解商品的受众人群。
2. 熟悉消费者的痛点。
3. 掌握消费者的消费心理。

技能目标：

1. 能够通过各项数据设计有针对性的环节，吸引消费者的注意。
2. 能通过分析各项数据，了解消费者心理，分析消费者行为。

思政目标：

1. 能够细致、耐心地研究消费者。
2. 能够客观认识消费者。

4学时。

操作步骤

步骤1 登录常用的购物APP,找到直播频道,选择感兴趣的领域。

步骤2 在该领域的直播信息流中,选择观看量较多的直播间进行观看。

步骤3 进入直播间停留30min以上,留意直播过程中的粉丝评论内容。

步骤4 将粉丝评论内容中涉及商品的部分进行分类,并整理记录,填入表4-1。

表 4-1

主播名称	价格	质量	品牌	服务	优惠	使用体验	……

步骤5 对比各类数据,分析直播中哪些因素会影响粉丝的购买行为。

相关知识

一、消费者心理

消费者心理是指消费者在购买商品过程中发生的一切心理活动,以及由此推动的行为动作,包括观察商品、搜集商品信息、选择商品以及在使用商品中形成心理感受和心理体验等。

影响消费者购买心理的主要因素有商品本身、宣传、消费服务以及外部环境的影响等。研究消费者心理,对于充分利用互联网营销手段、引导消费、吸引粉丝、提高效益具有重要的意义。

二、消费者购买动机

消费者购买动机的核心在于研究和明确消费者为什么购买的内在驱动力。消费者的购买动机受到本能模式、社会模式、心理模式以及个体模式的综合影响,每个人受到4种模式的影响值都不同,对应到每个具体的商品也有所差异,即"一样米养千样人"。研究消费者购买动机,更建议关注消费者的共性,即消费者的共性动机。按照消费者购买动机理论,可以将购买动机归纳为以下几点,如图4-1所示。

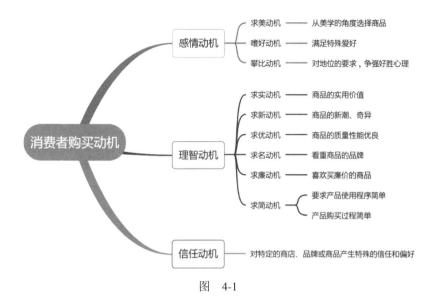

图 4-1

三、不同人群的消费倾向

除了共性的购买动机以外，不同的人群还会呈现出消费倾向上的差异化。

（1）按性别区分，如图 4-2 所示。

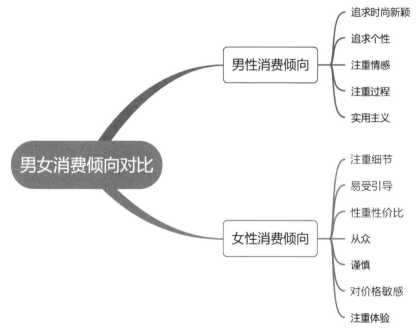

图 4-2

（2）按年龄区分，如图 4-3 所示。

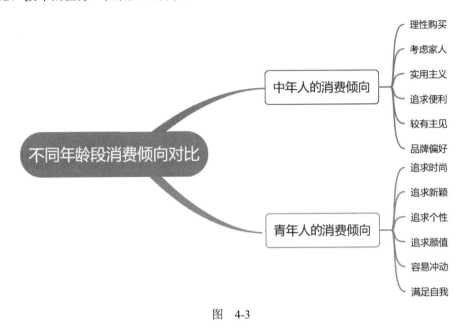

图　4-3

（3）按收入区分，如图 4-4 所示。

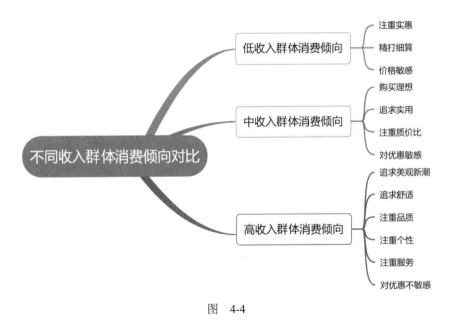

图　4-4

四、消费者心理活动过程

在通过直播购物的过程中，消费者从最开始进入直播间到最终下单，往往经历多个阶段。主播对于消费者的心理活动过程需要做到准确把握,并且通过相应的技巧施加影响。消费者心理活动过程,如图 4-5 所示。

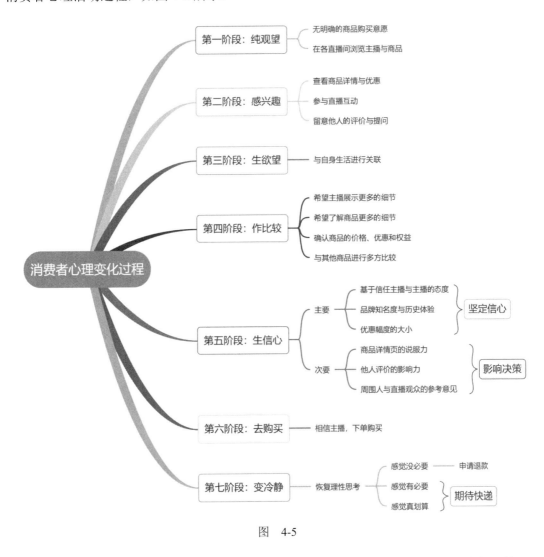

图 4-5

随着消费者需求日益呈现个性化、多样化和新颖化的发展趋势,主播对其粉丝的心理研究变得日益重要和迫切。只有依据消费者画像和消费者心理特征,主播才可以从客户端锁定需求,从而打开、抓住粉丝的心,增加成交额。

在消费者行为中,以下心理特征在一定程度上会对粉丝购买产生影响,主播应做到灵活运用。

（1）从众心理，也叫羊群效应，指经济个体在商品购买中表现出来的跟风心理。大部分消费者在很多购买决策上，会跟随大多数人的决策。例如，观看直播时喜欢去观看人数多、点赞人数多的主播间。在选择商品时，容易选择评论为好的商品。

（2）权威心理，指消费者在选择商品时推崇权威的心理。这种对权威的推崇往往导致消费者在购买决策上的情感化、不理性。常见的就是网红同款、明星代言款等商品容易受到消费者的追捧。

（3）贪图便宜心理。爱贪图小便宜的人在心理上都有较强烈的占有欲望，这种占有欲望在每得到一次小便宜的时候便会产生相应的满足感。主播要学会充分利用消费者的这种心理，开展相应活动，如赠品、粉丝折扣等。

（4）稀缺心理。在消费心理学中，人们常把"物以稀为贵"而引起的购买行为，称之为"稀缺效应"。如限量（今天仅有这10 000份，卖完就上架不了了）、限时（1h内付款有此优惠，到时恢复原价）、限人数（每人限购一件）等，都是利用了消费者的稀缺心理。主播要充分学会利用消费者的这种心理，有意调低供应量，造成供不应求的现象，这样不仅可以在隐形中提高商品形象，还可以在一定程度上刺激商品销量的提高。

（5）求实心理，是指一种以注意商品的实际使用价值为主要特征的心理。具有这种心理要求的消费者，在购买商品时比较看重商品的实际效用和质量，讲究经济实惠和经久耐用，对商品的外形、色彩和包装等不大关注。因而，针对这类消费人群，主播在对商品的描述中应尽量做到"实事求是"，突出商品实惠、经济耐用等消费者喜欢的字眼，或者可以通过亲身体验来打消消费者的疑虑。

> 知识训练 >>

1. 青年消费者的购买心理特征不包括（　　）。[单选]
   A. 追求个性、表现自我　　　　　　B. 追求新颖
   C. 追求廉价、注重实惠　　　　　　D. 注重情感、容易冲动

2. 消费者购买行为心理过程中的情绪过程包括（　　）。[多选]
   A. 喜欢阶段　　B. 激情阶段　　C. 评估阶段　　D. 选定阶段

3. 在消费者行为中，只有求实心理会对粉丝购买产生影响（　　）。[判断]

4. 观看直播带货的消费者到底是谁？

5. 简述女性消费者的市场特征。

6. 主播带货过程中，如何消除消费者的心理顾虑？

项目4 主播讲解技巧

技能训练

"熟悉消费者心理特征"技能训练表,见表4-2。

表 4-2

学生姓名		学　　号		所属班级	
课程名称				实训地点	
实训项目名称	熟悉消费者心理特征			实训时间	
实训目的: 1. 能够通过各项数据设计有针对性的环节,吸引消费者注意。 2. 能通过分析各项数据,了解消费者心理,分析消费者行为。					
实训要求: 1. 登录淘宝直播APP,找出同类商品的不同直播进行观看。 2. 分别进入各自的页面,查看直播中的粉丝评论。 3. 将各主播直播中粉丝关注的商品重点进行整理记录。 4. 对比、分析数据,指出直播中影响粉丝购买行为的因素。					
实训截图过程:					
实训体会与总结:					
成绩评定(百分制)			指导老师签名		

二维码扫一扫,下载实训表格。

任务 4-2　了解主播讲解步骤

情景导入

2020年2月9日,由于疫情影响,线下实体店客户流量受限,美妆店店主小美决定试水线上直播,但是在当天晚上的直播中,小美没有卖出去一件货。以下是小美对该店一款口红的部分介绍:①这是一款国商品牌口红,颜色非常好看。②涂上去会让人觉得有气色,立马就精神起来。③口红包装的颜色特别好看，形状也有特色。④价钱特别优惠，而且有活动，宝宝们赶紧买。对于这样的讲解内容，你觉得能够吸引到你吗？

知识目标：
1. 了解消费者痛点的挖掘方法。
2. 熟悉直播中商品讲解步骤。

技能目标：
1. 通过观看、搜集、整理主播的直播过程，锻炼分析主播问题的能力。
2. 能通过分析各项数据，认识自身不足，提高直播技能。

思政目标：
1. 能够积极主动地研究各大品类的主播。
2. 能紧跟时代发展潮流，了解市场趋势。

4学时。

步骤1 打开并登录淘宝APP，选择直播频道，选择你所感兴趣的领域。

步骤2 在你所感兴趣的领域，如美妆、美食等，选择两组播放量（浏览量）较高的直播进行观看。

步骤3 记录两组主播对于商品的讲解内容，填入表4-3。

表 4-3

主播	消费者痛点挖掘	放大痛点	引入商品	提升商品高度	营销利益点刺激	下单引导

步骤4 选择两组播放量（浏览量）较低的直播进行观看。

步骤5 记录两组主播对于商品的讲解内容，填入表4-4。

表 4-4

主播	消费者痛点挖掘	放大痛点	引入商品	提升商品高度	营销利益点刺激	下单引导

步骤6 对比以上两组数据,分析两组主播的直播过程,说明哪组主播的讲解更能打动你。

直播讲解,并不是按照主播的想法随意发挥,而是有内在的逻辑可以遵循的。从整体逻辑来看,大致可以分为三点挖掘、三点放大、引入商品、提升高度、刺激购买5个步骤,如图4-6所示。

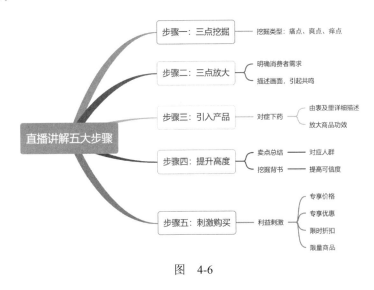

图 4-6

一、三点挖掘

三点为:痛点、爽点、痒点。

痛点挖掘是移动互联网时代的金句。痛点是指消费者的基本需求与潜在需求未被满足,从而造成消费者不满的点。其中基本需求包括个人日常生活中所必需的吃、穿、住、用、行等。潜在需求指在保障个人基本需求的基础上衍生出来的安逸、舒适、快乐等。具体来讲,痛点就是让消费者痛苦的点,是消费者在使用商品或服务时抱怨的、不满的、让人感到痛苦的因素。

消费者痛点挖掘就是指找准消费者关注的"点"以及与商品卖点之间的联系，然后用清晰明了的语言表述出来。因此，主播需要做到以下两点。

1. 分析消费者需求

消费者是商品的直接需求者和使用者，主播应学会换位思考：一方面要明确哪种类型的客户是自己的目标客户，即什么样的人可能会买；另一方面要充分了解自己推销的商品，它能在一定程度上满足消费者的哪些需求，能给消费者带来什么样的价值体验，即消费者为什么要买。

随着市场上同质化商品的增多，主播还要清晰认知自身推销商品的优势在哪里，如外观、质量、效用、品牌等，了解其能够为消费者创造什么样的价值，能够创造多大的价值，带来怎样的不一样体验，这些都是能体现商品差异化的重要因素。

2. 提炼消费者痛点

在提炼消费者痛点时，主播可以考虑采用消费者思维的代入式分析法。首先，在分析消费者需求的基础上，对于消费者的画像有一个初步的感知，形成一个初步的消费者模型。其次，将自己想象成消费者，构建以横向为时间、纵向为场景的消费者24h，深度挖掘消费者需求背后的、能感觉到痛的点。例如，有鼻炎的消费者，在鼻炎发作时觉得鼻子堵得难受，这个程度的需求对于消费者来讲并不算真正的痛点，会导致自己几个月的失眠，进而导致精神状态和工作状态不佳才是痛点。

想要打动消费者，除了关注痛点，还需要关注另外两个点：痒点和爽点。痒点和爽点，相对于痛点而言，重点不在于解决消费者的痛苦，而在于提供即时性或者期待性的满足。

痒点就是对美好生活的追求，对虚拟自我的满足，或者说是对美好生活方式的一种幻想。例如，游戏和偶像就是典型的消费者对虚拟自我的满足；服饰、化妆品则是对美好生活方式的一种幻想。

爽点是什么？就是让消费者感到快感。以碳酸饮料为例，碳酸饮料虽然因为热量高而被注重身材管理的人所不喜，但是在夏天依然会迎来消费高峰。其核心道理不在于碳酸饮料能解决消费者的痛点，而是在于饮用碳酸饮料的那一刻享受到的通体舒畅的快感。碳酸饮料广告的核心也是在消费者的心智中植入饮用快感。

二、三点放大

痛点往往存在于原始需求中，能够被发觉的痛点，代表着真实与价值。因此，主播推介商品前必须先透彻分析消费者的商品需求，提炼消费痛点，但摸清痛点后并不意味着主播应当机立断提出解决方案，因为这样会导致消费者的反感，觉得你就是为了推销商品，目的性过强。

摸清痛点后，主播最宜使用的方法是针对此痛点，继续放大其效用，让消费者自己敞开心扉，引起共鸣，明确需求。例如，购买过口红的人是不是会深受口红脱色、干皮的困扰，一天之内需要不停地补妆，费时费力，痛苦不已，严重者还会造成嘴唇干裂。接着，放大劣质口红做工不好，成分未知，不小心吃入嘴里会危害健康等不良后果。主播将一种无关痛痒的小毛病或一种不良习惯的危害成倍放大，引起消费者的痛苦，甚至害怕，就能将原来的小痛点扩大为大痛点。将消费者的胃口吊足后再拿出自己的解决方案，使用自身商品完全可以避免以上的情况，就显得顺其自然了。当然，痛点的放大要建立在良心的道义上，不能为了商品销量而恐吓消费者。

三、引入商品

主播在放大消费者痛点时，可以顺其自然地引入商品，对症下药，由浅入深地针对商品进行全面讲解。这样做的好处在于在直接放大商品功效的同时，还可以凸显出自身作为主播的专业度，从而提升消费者的信赖感。

1. 商品外在

不管销售什么样的商品，主播引入商品时应最先向消费者全面地展示商品，包括外观设计、外在特点等，并配合展示把商品的名称、规格、重量、品牌等细节讲清楚。这是引入商品中最重要的部分，可以在第一时间吸引客户的关注点，引起他们的注意。比如，商品体积小，强调节省空间和便于携带的优点；外形精美，强调供应量有限，具有独特的观赏价值和收藏价值。

2. 商品内在

如果时间允许的话，主播还应该讲清楚商品的性能、作用、产地及组成成分等。如果是食物，还需要把成分、营养价值、做法教程、保存要点等简单介绍一下，将商品适合什么样的人群讲解清楚，避免消费者误食、误用产生危害，影响主播及商品商家的信誉。

值得注意的是，在引入商品的过程中，主播向消费者展示的商品要事先测试，不论是外在包装还是内在质量，都应确保不存在问题及瑕疵，否则就会引起消费者对商品质量的怀疑，导致"直播翻车"。

四、提升高度

提升商品高度，简而言之就是提炼超级卖点，烘托商品的高价值。卖点在精不在多，主播可选择1～2个最突出、最能打动人的商品优势进行深度讲解，如李佳琦直播间讲解花西子蜜粉时，主打商品定妆时间长、控油不干燥。或者结合直播间弹屏上粉丝感兴趣的问题进行讲解，并挑选使用过该商品的粉丝的真实评价进行表述，最好说出粉丝的名字，不仅可以向消费者传达最真实的他人体验，提高真实性和可信度，还可以凸显主播对粉丝的重视。

此外，如果推介的商品品牌知名度高，可以借商品品牌，讲好品牌故事，塑造品牌形象，打造可信度。如果销售商品的店铺时间长、信誉高，可以扬长避短且客观反映店铺优势，如质量可靠、售后有保障等。

五、刺激购买

在营销商品时，做好宣传很重要，但更重要的是消费者是否下单。毕竟作出决定需要消费者自己说服自己，"再看看""再想想""再等等"，动心却又犹豫是消费者下单前最常见的心理活动。这时，营造紧迫感就像足球比赛中的临门一脚，可以在最终环节加速成交。目前，直播间最常见的方式是"价格优惠＋加赠＋限量"。主播通过直观对比线下实体店、线上网店和直播间商品价格和能购买到的数量，让粉丝真切感受到专属地位和独有实惠，再加上限量抢购的手段，构造出商品的稀缺，就可以加速促成购买。

值得注意的是，在营销利益点刺激时，主播应对商品的总价、数量和付款方式等情况进行详细介绍，让粉丝清楚自己最终能获得哪些商品，怎样下单，会花费多少钱，需要怎么付款等。

1. 挖需求。听取消费者对商品的需求并不意味着主播要完全迎合消费者喜好，因为大多数消费者在刚进入直播间选择商品时，并没有直观、深入的感触，他们最初讲出来的有时可能并不是他们真实想要的，只有将最终商品或者相似商品的参照物放在消费者眼前时，才能引发消费者对真实需求的思考。因此，主播一味地听从消费者需求，会陷入消费者的思维中，不够客观，其应积极、主动地跳出消费者思维，以己度人，抓住消费者想不到或者忽视的地方，才能有效地捕捉目标客户。

2. 定痛点。消费者在表达出想要什么商品时，主播应该深入剖析消费者直观需求后的潜在需求是什么，即消费者有了这个商品后，是为了达到什么样的结果，因为消费者想要什么并不等于他的真实需求就是什么。主播应学会反向思考有哪些方式可以达到这个结果，只有这样才能精准把握商品的营销点，更加精确地推介相关商品。当然，激发消费者痛点的前提是主播要对所推介的商品认识深刻，熟知商品能真实、有效地降低引发消费者痛点的不利因素。

3. 重场景。无论是线下还是线上，消费场景对于营销而言举足轻重，因为消费者的需求和痛点都依赖于特定场景。所以主播描述商品使用场景时，要学会讲故事，并能讲好故事，不管是从自身体验方面还是消费者体验方面，生动、亲民的故事都能打动人心，拉近主播和消费者之间的距离，将消费者带入构建的场景中，让其能身临其境般地感受主播所要表达的要点，从而接受主播推荐的商品。

知识训练

1. 消费者的痛点特指消费者的（　　）未被很好地满足。[单选]
A. 基本需求＋习惯偏好　　　　　　　　B. 潜在需求＋习惯偏好
C. 基本需求＋潜在需求　　　　　　　　D. 潜在需求
2. 主播带货分为哪几个步骤？（　　）。[多选]
A. 三点挖掘—引入商品—提升高度—刺激购买
B. 三点挖掘—引入商品—刺激购买
C. 三点挖掘—三点痛点—引入商品—提升高度—刺激购买
D. 三点挖掘—扩大痛点—引入商品—刺激购买
3. 什么样的主播带货能力更强？
4. 既然商家也可以直播带货，为什么还需要网红？
5. 简述场景对直播营销的意义。

技能训练

"了解主播讲解步骤"技能训练表，见表4-5。

表　4-5

学生姓名		学　　号		所属班级	
课程名称				实训地点	
实训项目名称	了解主播讲解步骤			实训时间	
实训目的： 1. 通过观看、搜集、整理主播的直播过程，锻炼自身分析问题的能力。 2. 能通过分析各项数据，认识自身不足，提高直播技能。					
实训要求： 1. 打开并登录淘宝直播APP，检索你所感兴趣的商品。 2. 选择两组播放量（浏览量）、点赞量均较高的直播进行观看。 3. 选择两组播放量（浏览量）、点赞量均较低的直播进行观看。 4. 对比以上两组数据，并分析两组主播的直播过程，说明两组视频数据存在差异的原因。					
实训截图过程：					

（续表）

实训体会与总结：	
成绩评定（百分制）	指导老师签名

二维码扫一扫，下载实训表格。

任务 4-3 掌握主播讲解技巧与话术

小王说："疫情的发展，让我们服务行业基本上都变成了直播行业，没办法啊，现在的直播可以说带货的范围太广了，不仅有百货、化妆品、服装、食品等传统电商商品，甚至连房子、汽车、家具、火箭都可以卖，只有你想不到，没有直播不敢干的事。换句话说，尽管疫情带来了麻烦，但却促进了直播行业的飞速发展，革新了传统商家的销售模式，带来了新的发展机遇。"但是，同行小李却不这样认为，疫情以来他自己和身边的朋友都开始涉足直播，但相较之前的线下零售，线上直播并没有带来销售业绩的提升，甚至线上直播会花费更多的时间和精力，有的企业直播了很长一段时间，一件商品也卖出去，这是怎么回事呢？

知识目标：

1. 熟悉直播中商品讲解策略。
2. 掌握主播讲解技巧。
3. 掌握主播讲解话术。

技能目标：

1. 能通过分析各头部主播的直播技巧，提高自身的直播技能。

2.能根据各项数据,剖析各项技巧的使用环境。

思政目标:

1.能够细致、耐心地对待数据分析。

2.能够客观分析主播的讲解技巧,取长补短。

4学时。

步骤1 打开并登录淘宝APP,选择直播频道,选择你所感兴趣的领域。

步骤2 在你所感兴趣的领域,如美妆、美食等,选择两组播放量(浏览量)较高的直播进行观看。

步骤3 记录两组主播在直播中使用的技巧和话术,填入表4-6。

表 4-6

主 播	互动技巧	语言组织	商品展示	产品讲解	销售技巧	……

步骤4 研究相关数据,分析主播的讲解技巧。

相较于线下销售,线上直播间的消费者并不能直观地观察和触摸到实体商品,不能长时间评估商品的外观、效用、价格和质量等因素,主播的讲解就显得尤为重要,这也是为什么有些主播的粉丝量、成交量很大,而有些却门可罗雀、无人问津。在整个直播带货的过程中,主播的人格魅力不可忽视,但更重要的还在于主播所掌握的销售技巧,包括互动技巧、语言组织技巧、商品展示技巧、话术讲解技巧和销售技巧。

一、粉丝互动技巧

直播间互动对于调动粉丝的活跃度非常重要。互动不足,一味地推介商品会显得内容乏味,趣味性不足,让粉丝感到烦闷。互动过量,将导致直播节奏拖沓,粉丝会觉得浪费时间,不愿在直播间长时间停留。可以说,直播间互动时间长短、互动内容,对于主播而言是一项巨大的挑战,直接关乎粉丝在直播间的参与度。

1. 关注优质粉丝的问题

直播间体量小时,主播当然可以针对每个粉丝提出的问题进行解答,这样有利于新粉转化,但是当直播间在线人数上升到一定程度时,如1 000人甚至是上万人,主播想要做到面面俱到就会力不从心了,此时在互动时应有所侧重,关注优质粉丝的问题,如直播间部分活跃度高的粉丝或者钻石粉、挚爱粉,增强彼此之间的互动,增加对话,提高粉丝的存在感。

2. 善于抛话题

随着直播时间的增长,如何避免直播间出现冷场,保持活跃度就显得十分重要。这要求主播要时刻关注社会热度话题以及注重日常专业知识培养,善于抛话题、造热点,或挖掘粉丝痛点与粉丝间产生对话、共鸣,活跃直播间的气氛,营造幽默和谐的氛围,从而增进与粉丝之间的情感交流。"口红一哥"李佳琦就深谙此道,会在直播间调侃自身热搜事件来引起粉丝共鸣。

3. 引导分享

对于主播而言,提高直播间粉丝的成交量非常重要。但显而易见的事实是,粉丝群体足够大才能在一定程度上提升成交量。所以,扩大自身粉丝量,提高个人知名度,提升主播品牌价值举足轻重。主播除了要引导进入直播间的粉丝转化外,还需充分利用个人魅力或是抛出福利等方法引导粉丝分享直播间链接给好友,以引导新粉进入直播间,从而积累直播间的人气及热度。例如,"喜欢的朋友,请多多分享直播间""今晚直播间会抽一波大奖,大家多多分享"等。

二、语言组织技巧

1. 语感处理

在与粉丝沟通时,主播要明确自身位置,粉丝与主播之间是平等关系,不要凭借对商品知识的熟知,就把自己放在高高在上的位置,使用命令或者说教的语气跟粉丝进行沟通,此时粉丝往往不会买账,因为在付出金钱的同时,保障自身购物愉悦,并能从中获得满足感往往也是消费者在乎的东西。因此,主播在跟粉丝互动时,要像和朋友交流一样,语气尽量要柔和,该停顿的地方停下来,留出充分的时间给粉丝思考。

此外,主播不要一味地使用语言描述,在必要时可以配合使用一些面部表情或肢体语言，特别是提到粉丝关注点时，如价格、优惠、赠品等，自身语调要有起伏变化，注意使用重音强调或者采用话语重复的方法，不断地能让新进入的粉丝随时参与。

2. 话术组织

话术，简而言之就是说话的艺术，看似简单，却包含着做人做事的技巧。一般可分为两种：感性话术和理性话术。

感性话术侧重于情感交流、生活感知等，如介绍商品时主打感情牌，多讲个人故事或商品故事，能以亲身体验，现身说法最佳。理性话术则侧重于商品功能阐述、数据罗列、数据分析等，如介绍雅诗兰黛小棕瓶眼霜，饱含点滴 ANR 修护精华，根源改善细纹、皱纹、浮肿、黑眼圈、干燥及肤色不均等六大问题，24h 全天候呵护与修护，年轻明眸等。直播中，主播可以根据不同的商品类别选择合适的话术风格。

三、商品展示技巧

随着直播间商品类型的增多，小到百货、食品、化妆品，大到电器、汽车、房子、火箭，几乎生活中的每一样东西都可以成为直播间上架的商品。因此，针对不同的商品类别，主播在展示技巧上也应有所区分。

1. 彩妆、珠宝及食品、百货类

彩妆、珠宝及食品、百货类商品一般体积小重量轻，易直观展示。主播展示此类商品时一般采用坐式，保证自身和商品均能出现在镜头中。核心要点之一是商品要离镜头近，确保直播间的粉丝能真真正正地看到商品是什么样子的，如商品的大小、形状、颜色和体积等。除此之外，直播讲解也要注重过程的分享，注重试用或试吃环节，必要时可以做些小测试或者小实验辅助验证，然后说出最真实的感受，也可以用夸张的语言或者手法，以达到最大化的呈现效果。

2. 穿搭类

穿搭类商品一般看重整体效果，此类主播宜采取站立式直播，以全身的状态出镜，让粉丝看到商品的上身效果，从而评估该商品是否适合自己。在此期间，主播要提前充分考虑自身所站的位置，避免直播时被贴片内容所遮挡，导致粉丝不能全面、直观地看到服装细节。另外，站立式直播一般离收音设备较远，宜随身佩戴声麦，提前做好调试，确保主播的声音清晰。

除以上细节外，主播在讲解商品时，应注意 360°展示，特别关注服装细节，全方位展示其做工、花纹、内里和面料等，同时保持解说与展示同步。

3. 大件商品

对于空调、冰箱、车辆和房子等大件商品而言，在直播间直观展示显然有一定的难度，此时主播可选择以多机位直播、连麦视频、工厂探访等方式，向直播间粉丝传递有用信息。

当然，单单依靠线上展示讲解大件商品配合优惠想要促使下单还是存在一定的难度，原因在于大件商品的品牌效应很明显。大件商品因为价值高，消费者购买较为谨慎，附加品牌价值更易得到消费者的认可。因此，主播选品时应首要考虑品牌知名度，再配合直播间的优惠力度，才能打造爆款商品。

四、商品讲解技巧

与线下实体店不同，线上直播所面对的客户不存在地理的限制。因此面对大量需求未知的客户，主播介绍一款商品时切记不宜过长，最好保持在 5～10min，因为时间过长容易导致无意向的粉丝离开直播间，所以如何在最短的时间内充分地介绍商品，就需要主播对商品有足够清晰的了解。清晰、有条理的讲解不仅可以保障主播在有限的时间内展示多种商品，还可以向粉丝展现出专业度，提升粉丝的信赖感。

1. 经济实惠型商品

对于经济实惠型商品，一般需求量较大，主播可适当加快讲解语速，基本罗列亮点，保持情绪激昂，带动抢购的紧张气氛。

2. 单品热销型商品

对于单品热销型商品，消费群体特定，主播讲解应尽量突出商品亮点，进行清晰、有逻辑的阐述，表达应起承转合，有画面感，凸显专业感。

五、直播销售技巧

1. 放大商品优势

货比三家，主播在对自己的商品有深入把握的前提下，可以通过对比同品类不同品牌的商品，凸显自身商品优势，如独特的外观设计、强大的功能、过硬的质量保证等，通过配合各种直播间限时优惠活动，如优惠券、秒杀和赠品等，减少粉丝犹豫选择的时间，从而刺激粉丝下单购买。

2. 趣味实验演示

除了真人演示外，主播还可以通过趣味实验侧面展示商品的核心卖点和属性，增强粉丝对商品的信心。例如，李佳琦实验花西子蜜粉的定妆效果时，用水搅拌过滤后，依然可以保持干燥粉状，说明花西子蜜粉的隔水性好，解决粉丝对于蜜粉易被汗水冲掉的担忧。趣味实验，不仅可以间接地证明商品效用，还可以让直播变得有趣、活跃。粉丝停留直播间的时间越长，就越有可能产生消费。

3. 善于沟通交流

善于沟通交流的技能，线上直播带货和线下零售都适用。主播善于表达，精于表达，会讲故事，会做类比，会讲场景，可以让讲解变得更加具有感染力，粉丝才不会有一种被推销感。例如，李佳琦想要表达一款护肤水对皮肤修复能力强，就讲解了一个关于古代皇室出门打仗受伤后就会泡在水里去疗伤的故事，用来引出该款商品就是用疗伤的圣水制成的，这无疑为商品增加了神秘性，刺激了消费者的好奇心和购买欲望。

值得注意的是，主播与粉丝间进行沟通交流时要保持主线，不能偏离商品的核心卖点，这样才能保证交流的互动价值，粉丝也愿意接受。

1. 时刻保持同理心。主播在销售中要学会换位思考，站在消费者的角度介绍商品，自己不仅是一位销售员，更是消费者，要将心比心，以朋友的形式提供客观建议，不要强行植入内容，以免粉丝产生抵触心理。

2. 选择恰当、开放的话题。引导粉丝互动，主播要选择开放式的话题，如"你们购买这款口红会用在哪些场合？你们买衣服最关注哪些方面？"属于开放式话题，类似于论述型，可以自由阐述观点，而"你用过这款商品么？你觉得这款商品好不好？"属于封闭式话题，容易得出二选一的结论，直接终结现有话题。另外，主播在选择上架生活类商品时，可以选择从收纳技巧、做饭技巧、清洁技巧等方面入手，进行辅助说明，可以充分激发粉丝的兴趣。

3. 去同质化，走特色化道路。随着直播行业的飞速发展，各类主播人数呈现递增趋势，竞争越来越激烈。因此，直播过程中主播要逐步形成自己的专属直播风格，可以是趣味性的，也可以是专业的，把握一条线尽情发挥，吸引粉丝加入。

知识训练 >>

1. 直播开始阶段最常用的话题是（　　　）。[单选]
A. 业务话题　　　　　　　　　　B. 交易话题
C. 中性话题　　　　　　　　　　D. 技术话题
2. 主播介绍商品和示范商品，应该使用专业性语言。（　　　）[判断]
3. 直播带货的过程实质上是介绍商品的过程。（　　　）[判断]
4. 作为一名主播，应具备什么样的素质？
5. 主播直播前应做哪些准备？

6. 举例说明，经济实惠型商品的讲解技巧？

技能训练

"掌握主播讲解技巧与话术"技能训练表，见表4-7。

表 4-7

学生姓名		学　　号		所属班级	
课程名称				实训地点	
实训项目名称	掌握主播讲解技巧与话术			实训时间	
实训目的： 1. 能通过分析各头部主播的直播技巧，提高自身的直播技能。 2. 能根据各项数据，剖析各项技巧的使用环境。					
实训要求： 1. 打开并登录淘宝直播APP，选择播放量和点赞量较高的直播进行观看。 2. 在观看直播时，关注各头部主播在直播中使用的技巧和话术。 3. 将你感兴趣的语句或引起你兴趣的语句进行记录。 4. 对比数据，分析主播的讲解套路。					
实训截图过程：					
实训体会与总结：					
成绩评定（百分制）			指导老师签名		

二维码扫一扫，下载实训表格。

任务 4-4　熟悉好用的直播玩法

早前在《爸爸回来了》中，知名明星吴尊携女儿出演积累了超高的人气，如今这位超

帅奶爸也登上了淘宝直播，推荐知名奶粉品牌"惠氏启赋"商品。在直播的 1h 内，吴尊让观众观摩自己的拍片现场和分享育儿心得，达成超过 120 万元人民币的交易量，直播期间单品转化率创下了惊人的 36% 的纪录，是日常转化率的七倍之多。

知识目标：
1. 了解常用的主播直播间玩法。
2. 熟悉各种热门玩法的运作方式。

技能目标：
能够熟练运用各种好用的直播玩法。

思政目标：
能够细致、耐心地发现当下热门的直播玩法。

建议学时

4 学时。

步骤1 打开并登录淘宝 APP，选择直播频道，选择你所感兴趣的领域。

步骤2 在你所感兴趣的领域，如美妆、美食等，选择两组播放量（浏览量）较高的直播进行观看。

步骤3 记录两组主播在直播中使用的直播玩法，填入表 4-8。

表 4-8

主 播	发 红 包	限 时 秒 杀	限 量 秒 杀	抽 奖	优 惠 券	……

步骤4 结合直播内容，分析每一种玩法的优缺点和主播的使用技巧。

相关知识

直播行业的异军突起，顺应当下的时代潮流，它提供了一个销售与娱乐并存的空间，限时秒杀、限量秒杀、红包、优惠券、抽奖、"主播＋明星"等模式无不吸引着用户的眼球，满足用户求新、求异、求实惠、求独特、求新颖的消费者心理。

一、限时、限量秒杀

限时、限量秒杀是大多数直播间常用的方法，一般适用于性价比高的商品，主播设置限时秒杀或限量秒杀，可以在极短的时间内让粉丝去拍，给粉丝营造出商品的稀缺性和购买的紧迫感，从而带动商品的销量。

二、红包

红包作为快速吸粉、增加粉丝黏性、提高粉丝停留时间的一种有效的工具，可以由主播随机发放，也可以在卖家中心后台权益中心的红包里设置发放。主播要清楚地知道，为什么要发红包？是为了增加直播间粉丝的点赞量还是为了增加粉丝在直播间的停留时间？如果是前者，可以在点赞超过1万时发一次红包，因为粉丝在直播间进行互动评论和点赞可以在一定程度上提高直播间的整体权重，间接提升直播间的访问量和出单量。如果是后者，可以定时发红包，如在介绍完一两件商品后发一波红包，以提升直播间的氛围。

三、优惠券

与红包不同，优惠券可以直接减免商品单价，降低粉丝的支付金额，是主播提高转化率的一种手段。一般设置为直播间专用，只有主播告知领取方式才可以领取优惠券。采用这种方式可以让粉丝养成想要优惠券就来直播间的习惯。

四、抽奖

抽奖也是直播间常用的活跃气氛的方式。当粉丝互动低于某种程度或者气氛低落时，组织一波抽奖可以马上提升直播间的粉丝活跃度，如在直播开始时和播完一两件热销单品后使用。抽奖方式一般可分为两种：一种是实物抽奖，通过在直播间让粉丝刷屏互动，随机截屏选中中奖人；另一种是使用平台自带的抽奖功能进行抽奖，弹屏发放。

五、"主播+明星"模式

近年来,随着直播行业的热度攀升,"主播+明星"模式逐渐频繁地出现在头部主播的直播间。主播和明星看起来是两个完全不相干的两个领域,但他们却可以通过商家进行连接,实现三方利益的融合。

对于商家而言,明星是代言人,主播是导购,双方结合可以相得益彰,实现品牌和销量的完美结合。对于主播而言,明星引导自身粉丝进入直播间,一方面增加了直播间在线人数,提高了主播的知名度;另一方面明星同款还可带动成交量。对于明星而言,直播间可以拉近自身与粉丝之间的距离,营造热点话题,提高曝光量,如袁咏仪、宋茜、胡歌等明星与主播合作直播带货,皆取得了不错的成绩。

经验分享

1. 不同的直播平台支持的玩法不同,同一直播平台每个主播的玩法也不相同。因此,身为一名新主播切忌盲目跟风,要根据自身情况,选择最适合自己的平台,并提前了解该平台的运作模式,熟悉直播间的操作和相关玩法的设置,必要时可以在做完前期准备后将自己当作一名新粉去体验,查漏补缺。

2. 直播带货并不是可以一夜成名或者一夜暴富的事情,需要前期不断地积累经验,调整策略,头部主播的养成更是如此。因此,刚进入直播行业的新主播要耐得住寂寞,吃得了苦。直播初期没人气、没礼物、没成交量都是正常的现象,保持积极向上的心态,敢于尝试才能一步步接近成功。

3. 主播是一种职业,不是长得好看、说话好听就能带来高的成交额。特别是在目前国内直播平台不断增加、主播人数不断攀升、整个直播市场瞬息万变的背景下,主播要想不被后来者居上,长久保持自己的高价值,只有通过不断学习增强自己的知识储备、个人才艺及销售技能等,才能保持对市场走向的敏锐感知,紧跟时代潮流,维持高热度、高流量、高收入。

同步训练

知识训练

1.( )是直播间常见的玩法,用来带动商品销量。[多选]
A. 红包　　　　　B. 限量、限时秒杀　C. 抽奖　　　　　D. 派送优惠券

2. 红包玩法是（　　）的有效工具。[多选]

A. 初级吸粉　　　　　　　　　　　　B. 增加粉丝黏性

C. 提高粉丝停留时间　　　　　　　　D. 活跃直播间气氛

3. 网红直播带货为什么不是电视购物的升级？

4. 为什么兴起了"主播＋明星"的直播带货模式？

5. 直播带货具不具备经济性和长期性？

6. 简述主播直播带货模式的演变及展望。

技能训练

"熟悉好用的主播玩法"技能训练表，见表4-9。

表 4-9

学生姓名		学　　号		所属班级	
课程名称				实训地点	
实训项目名称	熟悉好用的直播玩法			实训时间	
实训目的： 能够熟练运用各种好用的直播玩法。					
实训要求： 1. 打开并登录淘宝直播APP，选择播放量和点赞量较高的直播进行观看。 2. 在观看直播时，关注各头部主播在直播中使用的吸粉玩法。 3. 依次记录所观看直播间所使用的吸粉玩法。 4. 结合直播内容，分析每一种玩法的优缺点和主播使用方法。					
实训截图过程：					
实训体会与总结：					
成绩评定（百分制）			指导老师签名		

二维码扫一扫，下载实训表格。

项目 5
直播间粉丝运营

就运营阶段的重点而言,新主播关注的重点不在于成交量,而在于直播间的互动和转粉率,简单来说就是积累自己的"1 000个铁粉"。在具有一定的粉丝基础后,主播就需要转而关注直播间粉丝的成交转化率,即逐渐体现自身的商业价值。在具备一定的知名度以后,关注的重点将更多地聚焦在粉丝运营,即"老粉维稳、新粉转化"。可以看出,主播各个阶段的成长都与粉丝亲密关系的形成、发展、维护和加强息息相关。因此,直播间粉丝运营,是一件必须做且必须做好的工作。

项目提要

本项目以淘宝直播为例,通过区分直播间粉丝的类型,掌握直播间粉丝的管理方法,提升粉丝回访及转化率,从而提高主播的粉丝回访率、粉丝黏性、粉丝购买率等数据。

项目思维导图

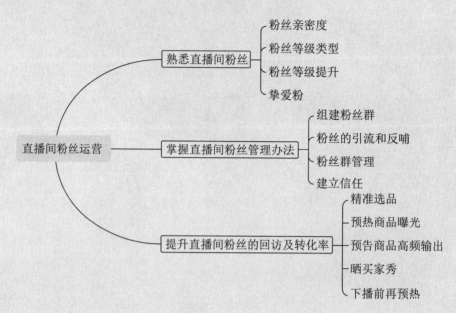

引例

刷直播的小伙伴可能会关注到一种主播号,主播的一场直播的观看量并不高,但是关注以后才发现主播的账号粉丝总量并不低。这类账号难免让人觉得奇怪,因为同体量的主播,观看量可能高出几倍。排除使用非正常手段获得粉丝增长或者无法激活的僵尸粉以外,根本的原因还在于粉丝运营和维护工作的缺失。

建议学时

12学时。

任务 5-1　熟悉直播间粉丝

淘宝直播平台上线的粉丝分层工具都带来了哪些变化？据官方统计：自粉丝分层功能上线以来，使用了粉丝分层的主播在直播间直播时用户点击商品详情和引导成交的数量明显高于未开通的主播，直播间内用户的购买转化率提升 30%～100%。而且粉丝量越低的主播通过粉丝分层提升购买转化率的空间越大。大主播使用粉丝分层效率更高。

知识目标：

1. 了解直播间粉丝的类型。

2. 熟悉各层次粉丝的需求。

3. 掌握各层次粉丝的价值。

技能目标：

1. 能够准确识别高价值粉丝。

2. 能根据各项数据，引导粉丝升级。

思政目标：

能够细致、耐心地分析粉丝数据。

4 学时。

步骤1 挑选自己感兴趣的领域，选定两位主播，通过观看、互动等形式实现粉丝等级

提升，如图 5-1 所示。

图 5-1

步骤2 将所看同类目直播中粉丝等级提升的方式进行整理记录，并填入表 5-1。

表 5-1

主播名称	直播签到	分享直播间	点　赞	关　注	评　论	……

步骤3 对比各类数据，分析不同类型粉丝的直播间行为，识别不同类型粉丝的价值。

一、粉丝亲密度

粉丝亲密度反映的是粉丝和主播之间互动频率的指数。粉丝进入主播直播间，进行一系列活动后，如累计观看时长、点赞量、互动量、下单量等，可以不断地积累淘宝直播间的积分值，达到一定的亲密度分值可升级为不同等级的主播粉丝。粉丝积分越高，享受的权益相对就越大。

二、粉丝等级类型

根据主播与粉丝的亲密度可将粉丝等级大致分为4层：新粉（0~499）、铁粉（500~1 499）、钻粉（1 500~14 999）、挚爱粉（15 000+）。一般而言，新粉的忠诚度不高，易被其他直播间所吸引，表现为活跃在多个直播间，粉丝价值较低。铁粉、钻粉属于中等价值粉丝，在直播间中粉丝群体量较大，是互动、消费的主流。挚爱粉是直播间真实消费并具有正向评价的粉丝，观看直播频率、互动频率以及购买量均较高，是主播的真实拥护者，粉丝价值黏度高。

作为一名优秀的主播，要做的就是在维持自身粉丝量的基础上，促进新粉向更高层次的挚爱粉转化。当然，除以上4种粉丝类型外，直播间粉丝群体中还会出现黑粉，这是正常现象，主播对待黑粉切记要保持理性，适合采取禁言、不理会或用自黑、调侃的形式来化解，不适合在直播间起正面冲突，冲突容易导致主播情绪失控，并因此留给粉丝不好的印象。

三、粉丝等级提升

粉丝在直播间左上角可以看到与主播的亲密度，点击后会弹出"每日任务"提示粉丝完成任务来提升亲密度，每个任务完成后，粉丝会收到相应的亲密度分值变换提示。主播可以在直播过程中有目的地对粉丝进行引导，如采用红包、优惠券等方式，促进粉丝自主进行等级提升，提高用户黏性。

目前，淘宝直播中粉丝加分项目大致包括11项，见表5-2。其中，值得注意的是单个主播亲密度上限，新粉最高可获得200分。铁粉最高可获得300分。钻粉最高可获得400分。挚爱粉最高可获得1 000分。

表 5-2

亲密度加分项	淘宝分值/分	淘宝直播APP积分值/分
直播签到	+2	+4
累计观看4min	+4	+8
累计观看15min	+10	+20
累计观看35min	+15	+30
累计观看60min	+20	+40
关注主播	+10（仅限第一次关注）	+20（仅限第一次关注）
发表评论	+4（单日上限5次）	+8（单日上限5次）
分享直播间	+5（单日上限5次）	+10（单日上限5次）

（续表）

亲密度加分项	淘宝分值/分	淘宝直播 APP 积分值/分
点赞满 20 次	+10 （单日上限 1 次）	+20 （单日上限 1 次）
访问商品详情页	+5 （单日上限 1 次）	+10 （单日上限 1 次）
每购物达 10 元	+1 （无限）	+1 （无限）

粉丝亲密度是粉丝转化率提升、粉丝活跃度进阶的利器。通过粉丝等级提升和粉丝分层，主播与粉丝之间的亲密关系可清晰地予以表达，有利于主播根据粉丝达到的等级设置不同的优惠策略，更好地实现维护优质粉丝的目的。

不同类型的直播平台粉丝分层方式不同、设置方法不同，主播可根据自身真实情况和销售的商品层次不同对直播间粉丝进行细致划分，因为只有这样才可以从杂乱无章的粉丝群中找出高价值的粉丝开展针对性的维护，促进直播间成交量的提升。

1. 对于新手直播间，淘宝给予的公域流量较少，为保障自身曝光量，主播前期需要做好吸引新粉的工作，包括利用发红包、低价优惠等方式，引导粉丝主动分享直播间链接，不管是在淘宝内还是利用社交网站，不断提高自身粉丝量。

2. 对处于成长期的直播间，淘宝会给予主播一定比例的流量奖励，此时主播可以充分依靠自己在公域平台上的曝光量，采用直播预告、新颖玩法和大奖设置等方式，促进公域流量不断地向自己直播间的私域流量转化，实现高效吸粉，同时做好私域流量管理，维护好老粉丝的回访。

3. 对处于成熟期的直播间，随着报名官方活动获得资源位和平台更频繁的流量奖励，主播需要在选品、粉丝管理、粉丝活动、粉丝服务等方面下功夫，协调好新粉丝和老粉丝间的关系，并积极地参加官方活动，争取每一个资源位带来的流量奖励。

知识训练 >>

1. 新粉的购买者行为特征之一是（　　　）。[单选]
A. 购买量较大　　　B. 消费频率高　　　C. 消费行为随机　　　D. 单价高

2. 参与者的介入程度非常高,品牌差异不大的粉丝类型属于( )。[单选]

A. 新粉　　　　　B. 铁粉　　　　　C. 钻粉　　　　　D. 挚爱粉

3. 直播中粉丝市场的主要特点有( )。[多选]

A. 分散性　　　　B. 易变性　　　　C. 发展性　　　　D. 广泛性

4. 淘宝主播如何提升亲密度?

5. 增加亲密度的方法有哪些?粉丝亲密度有什么作用?

6. 简述新手直播间的特点,以及在保证自身曝光量的情况下如何吸引新粉。

技能训练

"熟悉直播间粉丝"技能训练表,见表5-3。

表 5-3

学生姓名		学　号		所属班级	
课程名称				实训地点	
实训项目名称	熟悉直播间粉丝			实训时间	
实训目的: 1. 掌握主播粉丝的管理思路。 2. 掌握主播粉丝管理体系的设计思路。					
实训要求: 1. 挑选自己感兴趣的领域,选定两位主播,通过观看、互动等形式实现粉丝等级提升。 2. 将所看同类目直播中粉丝等级提升的方式进行整理记录。 3. 对比各类数据,分析不同类型粉丝的直播间行为,识别不同类型粉丝的价值。					
实训截图过程:					
实训体会与总结:					
成绩评定(百分制)			指导老师签名		

二维码扫一扫,下载实训表格。

任务 5-2 掌握直播间粉丝管理方法

情景导入

归根结底，主播带货与明星代言有异曲同工之妙，核心都是粉丝经济，需要粉丝带动消费，所以直播间忠粉越多对主播越有利。纵观主播的直播间，"截屏抽奖"活动最为常见，此外还可举办粉丝福利活动，如微博抽大奖、送手机、送电脑、送车等。当然维护粉丝不仅只有"砸钱"一个手段，更多的应该是情感的维系，介绍商品时会根据自己的使用体验跟粉丝分享，赢得了粉丝的高度信赖。

任务目标

知识目标：
1. 了解主播如何进行粉丝分层管理。
2. 掌握直播间粉丝管理方法。

技能目标：
1. 能通过对比分析，学会如何引流粉丝。
2. 能通过研究直播间粉丝管理，学会粉丝维护技巧。

思政目标：
1. 能够细致、耐心地维护粉丝群。
2. 能积极、主动地提升自身的专业技能。

建议学时

4 学时。

操作步骤

步骤1 挑选自己感兴趣的领域，加入到该领域主播的粉丝群，分析主播团队对于粉丝的运营方法，如图 5-2 所示。

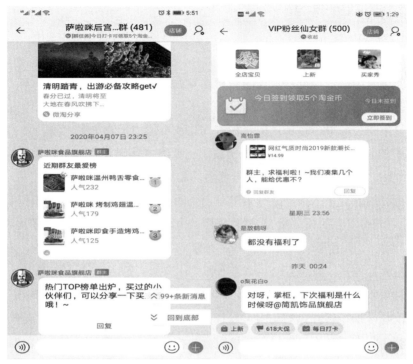

图 5-2

步骤2 记录粉丝群内粉丝的需求反馈及主播团队对粉丝反馈的回应。

步骤3 深度挖掘主播团队对粉丝的升级引导方式。

一、组建粉丝群

主播在开始直播吸粉后,应该及时依靠淘宝、微信、QQ 等主流工具创建粉丝群。粉丝群的一大作用,是为了在下播之后与粉丝保持联系,及时掌握粉丝对商品的反馈并解决售后问题。通过直播间开通一键加群功能,创建粉丝群可以将自己的直播粉丝集中起来,有利于直播活动信息的发布和开展线上答疑。

此外,主播组建粉丝群后需及时告知粉丝群的用途,及时发布群活动信息及参与条件,调动群内粉丝积极参与,避免粉丝成为沉默粉丝。在粉丝群体量达到一定的程度时,可以对粉丝群进行分层,针对不同分层的粉丝群设置不同的福利。例如,初级群主要发放小额优惠券;高级群发放大额优惠券,推荐劲爆商品;VIP 群可以提供线下活动奖励,给粉丝足够的优越感和存在感。

二、粉丝的引流与反哺

1. 引流

引流，简单来说就是将进入直播间的粉丝导流进粉丝群，扩大粉丝团体。大致可以分为两个方向：①在平台内引流，主要通过淘宝平台内相互分享链接给淘友来进行拉新，或者使用平台分配的公域渠道拉新，但这种方式往往不适用于新主播，因为新主播在直播初期得不到过多的公域流量。②在平台外引流，主要方式是通过在微博、微信、QQ等社交平台分享二维码、复制链接等方式，引导优质的私域流量进入公域。

当然，引流的前提是主播能充分带动站内外粉丝的活跃度，只有这样才能实现口碑传播，以期短期内获得更多的关注量。主播可采用的方法有关系驱动（主播人设）、事件驱动（生活节和零食节等）、兴趣驱动（爱化妆和爱美等）、地域驱动（老乡关系）、荣誉驱动（铁粉好礼和钻粉大礼等）、利益驱动（送礼物和关注有礼）等。

2. 粉丝群反哺

粉丝群反哺是指粉丝群体的稳固可以直接带动直播观看人数的增加。粉丝群可以实现主播与粉丝的24h沟通交流，使用粉丝群进行直播预热的方式，让粉丝提前知晓主播的开播时间、开播商品、优惠力度、活动安排等，都可以充分展现主播对粉丝的重视程度，让粉丝对主播产生信赖感，可以有效地提高在线人数。

三、粉丝群管理

很多主播建立了粉丝群后并没有重视运营和维护工作，结果就是粉丝群并没有发挥该起到的作用，粉丝群变成了摆设。粉丝进群后，主播团队需要配合一系列的运营和管理工作，让粉丝快速融入以主播为中心的大家庭中，建立更高的忠诚度。

（1）建立群规则。"无规矩不成方圆"，粉丝群作为一个集体，前期一定要制定好群规则，对每一位进入的粉丝说明群用途、群规则，明确允许发布的内容，如使用技巧、售后反馈等。发布其他直播间的链接、发布商家广告等属于不受群内成员欢迎的内容，需明令禁止并及时进行制止。

（2）制定激励机制。设置签到打卡任务，签到即可领红包、送淘金币、领大额优惠券等，吸引、激励粉丝每天进群打卡，关注粉丝群直播或商品信息，保持粉丝群的活跃度。

（3）挖掘领袖粉丝。除了直播外，主播还需要进行选品、试用、分析等工作，不可能做到24h实时在线，对于粉丝群里的消息可能会出现回复不及时的情况。在人手不足的情况下，培养忠粉与管理员共同管理粉丝群就显得非常重要。主播可从粉丝群中筛选出相对活跃的前10%的用户进行重点维护，特别是要记住活跃粉丝的昵称，让他们对群体产生归属感，持续保持活跃，在主播不能及时回复时可以对粉丝群里的问题进行回答。当然，针对此类粉丝，主播应不时地给予感谢，提供更多的福利来鼓励其带动整个粉丝群的活跃。

（4）话题引导。粉丝与主播之间的关系不应仅仅局限于"买"和"卖"的关系，还可以延伸到朋友关系。在与粉丝群互动时，可以围绕热点话题展开讨论，也可以分享生活中的趣事，拉近主播与粉丝之间的距离。或者围绕商品话题，交流商品使用小窍门，分享使用体验，收获粉丝反馈，发现问题并及时解决，提高粉丝的信赖感。

四、建立信任

"打铁还需自身硬。"粉丝管理最重要的是建立主播与粉丝之间的信任。没有信任，就没有沟通；没有沟通，就没有影响；没有影响，就没有成交量。作为主播，建立粉丝对你的信任是粉丝购买你推荐商品的前提。

（1）人品可靠。让粉丝相信，主播不是一个损人利己的人，不会为了自己获利而不择手段地出卖粉丝。

（2）专业度可靠。主播具备足够的专业知识，推荐的商品从中立和专业的角度出发，这才是主播长久的立身之道。作为一名主播，建立粉丝对商品的高度信任，是最基础的工作。

不同直播平台上的不同主播维护粉丝的方式都会存在差别，但依然会有一些共性的粉丝管理方法，这些共性是每一位进入直播行业的主播均要关注的。

（1）亲和待人，诚信负责。做好粉丝群管理，主播要有亲和的态度，并要对粉丝说到做到、诚信负责，不能失信于粉丝，也不能用高高在上的态度对待粉丝，不然粉丝会觉得主播遥不可及、不愿沟通。

（2）保持中立。主播可以听取粉丝的需求，但不应一味谄媚，要引导粉丝发现需求，过于听从粉丝的需求会导致主播越来越没有原则和方向，粉丝也不会珍惜，可以听取粉丝的一些需求进行调整，但是不能盲目听从。另外，要主动引导粉丝选择适合自己的商品，而不是误导粉丝什么都买，这类做法太过功利化，粉丝也会产生反感。

（3）保持适度的福利发放，但频率不应过高。福利是维护粉丝必须要有的，但是频率不能过高，过高的福利会让粉丝习以为常，若后期突然减少福利发放，粉丝就会觉得原本的福利现在没有了，导致粉丝要福利不给不行的局面。所以，主播一定要控制发给粉丝的福利频率，有原则地发福利，有节奏地发福利。

（4）摆明态度，公平公正。对粉丝提出的问题，要摆出公正的立场，特别是针对商品售后的问题，不能踢皮球，让粉丝找商家解决，要帮助粉丝站在公平、公正的角度去沟通，协商解决问题。

（5）语音回复，更显诚意。沟通时，主播发语音可以让粉丝觉得更有亲切感，双方真的像朋友一样在聊天，切记不要使用特别官方的回答，不要任何回答都千篇一律。

此外，主播还应该清楚自身最吸引粉丝的是哪一个特点？是倾城美貌还是动人天籁？是敢爱敢恨的性格还是温柔婉转的互动方式让人如沐春风？选择正确的互动方式可以事半功倍。

同步训练

知识训练

1. 粉丝经济的特点有（　　　）。[多选]
   A. 自发传播　　　　B. 随性化　　　　C. 个性化　　　　D. 圈群化
2. 粉丝群如何运营和管理？（　　　）。[多选]
   A. 建立群规则　　　B. 建立激励机制　　C. 挖掘领袖粉丝　　D. 话题引导
3. 举例说明，怎样管理粉丝？
4. 粉丝管理能对直播产生怎样的影响？
5. 通过对本任务的学习，你还能想到哪些维护粉丝的方法？
6. 简述挖掘领袖粉丝的作用和意义。

技能训练

"掌握直播间粉丝管理办法"技能训练表，见表5-4。

表　5-4

学生姓名		学　　号		所属班级	
课程名称				实训地点	
实训项目名称	掌握直播间粉丝管理办法			实训时间	
实训目的： 1. 能通过对比分析，学会如何引流粉丝。 2. 能通过研究直播间粉丝管理，学会粉丝维护技巧。					
实训要求： 1. 挑选自己感兴趣的领域，加入到该主播的粉丝群，分析主播团队对于粉丝的运营方法。 2. 记录粉丝群内粉丝的需求反馈及主播团队对粉丝反馈的回应。 3. 深度挖掘主播团队对粉丝的升级引导方式。					
实训截图过程：					

（续表）

实训体会与总结：			
成绩评定（百分制）		指导老师签名	

二维码扫一扫，下载实训表格。

任务 5-3　提升直播间粉丝的回访及转化率

某服装品牌为了增加销量，根据用户特点圈了 100 万～1000 万的潜在用户进行内容定投，然后透过系统抓取，在两周内进行手动上新，不断刷屏引起粉丝围观。上新日，再透过直播，在动态橱窗播出新品搭配，并由主播送出口播密令和专属优惠券与粉丝互动，当日微淘曝光超过 400 万，销量提升 30%。

知识目标：

1. 掌握提升粉丝回访的方法。
2. 掌握提高粉丝转化率的方法。

技能目标：

1. 能熟练使用各项数据，提高自身的选品能力。
2. 能够通过对比分析数据，学会提升粉丝回访及转化率的技能。

思政目标：

1. 能够细致、耐心地对待数据分析。
2. 对头部主播的数据能做到客观分析，取长补短。

建议学时

4学时。

操作步骤

步骤1 挑选头部电商主播的直播进行完整观看，观察其如何采取措施促进粉丝回访，如图 5-3 所示。

图 5-3

步骤2 详细记录主播在直播中推广节日的方式、方法，如弹屏抽奖，并且要特别注意其直播间装修、话术和销售策略。

步骤3 继续观看节日的直播，观察主播选品策略、优惠力度和商品上架顺序，并进行详细记录。

步骤4 通过记录的信息，整体分析主播的两场直播，思考直播间提升粉丝回访及转化率的方式、方法。

一、精准选品

精准选品才能精准投放。不同的主播选品各有特色，如有的主播属于全品类播主，而有的主播侧重美妆类，每个主播的直播间都有属于自己的独特受众，所以并不是随意的一种商品都适合在直播间上架，主播要有自己清晰的定位，在选品方面需根据自身粉丝的体量、类型和销售策略来进行实际划分，做到直播的选品精准符合自身粉丝群体的消费倾向，这样才能最大化地发挥上架商品的价值，提高转化率。

1. 商品匹配策划

商品匹配策划是指主播上架的商品要与自身的预告主题或搭配相符。例如，"生活节"当天的上架商品应以生活类商品为主打，如拖鞋、榨汁机等。商品搭配可选用组合营销，挑选有价格优势的商品进行搭售。所以，主播在直播前做好主题与风格鲜明的细分内容策划方案，然后按照策划方案匹配商品。

2. 商品规划

商品规划主要应关注三个方面的要素，包括商品组合、价格区间和库存配置。

首先，商品组合方面，主播应合理配比主次品类和辅助类配置比例，可以参考二八原则。其中单品配置比例中流行主推最佳占比为50%，这类商品具有广泛的知名度、高性价比和广覆盖面，可以充分满足广大消费者的需求。畅销单品占30%。滞销连带20%，其中滞销商品主要用来搭配主推商品和畅销单品。此外，组合中各部分商品的日更新比例建议不低于60%。头部主播除了爆品返场，其他商品在短期内都不会重复推荐，有助于保持粉丝的新鲜感和发现新需求。

其次，价格区间方面，选品价格区间越小，粉丝群体就越精准，转化相对就较高。保持相对一致的价格段才能更好地定位自身商品的消费群体，做到精准匹配。

最后，库存配置方面，库存与粉丝体量在开播初期要保持递增状态，库存与销售策略则适用于所有阶段，可以实时调整。一般而言，库存较多的商品，适合采用限时特价或限量优惠的方法；库存极少的商品，适合采用孤品秒杀或当日捡漏的方式。

3. 直播时间

直播时间同样会在一定程度上影响商品转化率的提升，主播可根据大盘数据判断出一天中的高峰时间段，再根据不同的时间段定制不同的直播计划，稳步沉淀自己的粉丝基础和激活自己的内容优势。

如果以6h为一个直播场次，0～6点称为深夜场，6～12点称为上午场，12～18点

称为下午场，18～24点称为晚上场。新手主播和商品、内容单一的主播比较适合深夜场、上午场和下午场的时段。货源充足和店铺运营相对较好的主播适合上午场、下午场和晚上场的时段。专业的电商团队和主播团队比较适合晚上场，此时间段会聚集大量的头部主播，新手主播应尽量避免。对于商家而言，如果具备稳定的主播团队（不低于4人），可以一天24h进行轮换直播，以保证全天的活跃度。

值得注意的是，无论是新手主播、腰部主播还是头部主播，都要尽量避免单天多场直播，因为一方面会因为精力不足无法保证直播质量，另一方面会引起粉丝的视觉疲累。

二、预热商品曝光

目前，直播间的每场观看，老粉丝的回访发挥着重要的作用。老粉丝是支撑直播观看量和成交量的基础，也是直播间互动的最重要的参与者。所以，在每场直播中，主播需向粉丝预告下次直播的商品，给粉丝一个回来的理由，为下一场的直播做铺垫。除此之外，主播还可以向粉丝着重强调商品相关的利益点，可采用黄金展位植入曝光、海报贴片的方法，告知粉丝商品打折力度大、赠品多等超级吸粉的福利，用来刺激粉丝的购买欲望，通过这样的信息透出吸引粉丝按时观看直播。

（1）黄金展位曝光。黄金展位，也叫热门位，就是口袋顶端前两个商品位，如果商品要进行预热，可以选择将商品放在这两个位置，同时在商品上架时做好利益点备注。

（2）海报贴片。把重要的信息，包括商品信息、打折力度等以海报贴片的形式直接在直播间透出。

三、预告商品高频输出

对于预告商品，主播可以将自身作为商品模特或者充分利用直播间的背景陈列空间，在直播间进行高频剧透。比如，如果下次要主推手机、服装、耳机或者手链等商品，可以选择在前一天的直播中透出或者直接穿搭在身上展示，并通过助理或者粉丝互动等方式提起相关话题，引起粉丝的注意。当主播高频透出一个商品，并且这个商品又没有链接的时候，容易引出粉丝的好奇心和探知欲。此时，主播就可以传达商品开播安排、商品优惠力度、商品赠品信息等信息，再配合限量等饥饿营销手法，会促使粉丝准时、准点参与，取得更好的直播效果。

四、晒买家秀

在消费者心中，主播作为商品的推荐人，可能会有失公正。特别是新粉丝，对待主播推荐的商品信赖度会较低，不会产生特别大的购买欲望。但如果是其他粉丝购买了商品再分享到粉丝群或者在直播评论上直接回复自身的体验感受，会在极大程度上加深直播粉丝对商品的信赖度，转化率也会相应提高。

五、下播前再预热

建议主播养成一个固定的下播习惯，如下播前 10min，再次向粉丝做一下预热。第一个用途是新来的观众可以接收到下一场直播的信息，第二个用途是加深之前的观众对于下一场直播信息的印象，为下一场直播吸引粉丝关注奠定基础。

1. 精细化商品配置。商品配置需结合的三个核心点：内容策划、比例分配以及合理储备。做好商品规划与管理可以让每天的直播不重样，让每一个阶段的主播都能充分利用商品资源快速提升转化。

2. 预留款选品渠道：直播宝贝 TOP 榜、商家店铺宝贝数据等。

知识训练

1. 精准投放的前提是（   ）。[单选]
A. 用户调查　　　　B. 粉丝分级　　　　C. 精准选品　　　　D. 以上都不是
2. "美妆节"上架商品应为（   ）。[多选]
A. 身体乳　　　　　B. 爽肤水　　　　　C. 眼影盘　　　　　D. 唇膏
3. 商品配置需结合的三个点是（   ）。[多选]
A. 内容策划　　　　B. 比例分配　　　　C. 合理储备　　　　D. 精准投放
4. 如何通过粉丝营销提升转化？
5. 思考直播间粉丝回访对转化率的影响？
6. 近年来，直播与电商融合，网红主播们引爆直播的同时，带来了巨大的商业流量，成为未来的千亿市场，对此，请谈谈你的看法？

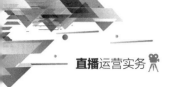

技能训练

"提升直播间粉丝的回访及转化率"技能训练表,见表5-5。

表 5-5

学生姓名		学 号		所属班级	
课程名称				实训地点	
实训项目名称	提升直播间粉丝的回访及转化率			实训时间	
实训目的: 1. 能熟练使用各项数据,提高自身的选品能力。 2. 能通过对比分析数据,掌握提升粉丝回访及转化率技能。					
实训要求: 1. 挑选头部电商主播的直播进行完整观看,观察其如何采取措施促进粉丝回访。 2. 详细记录该主播在直播中推广节日活动的方式、方法,如弹屏抽奖,并且特别注意其服饰、彩妆、话术和销售策略。 3. 继续观看直播,观察该主播的选品策略、优惠力度和商品上架顺序,并进行详细记录。 4. 通过记录的数据,整体分析薇娅的两场直播,思考直播间提升粉丝回访及转化率的方式、方法。					
实训截图过程:					
实训体会与总结:					
成绩评定(百分制)			指导老师签名		

二维码扫一扫,下载实训表格。

项目 6
直播团队组建

单纯就行业发展阶段来看,直播行业已经从单纯的主播竞争进入到直播团队竞争的阶段。主播台前的形象、商品、活动和宣传等综合分值,也可以等同于背后的主播团队的综合分值。从主播发展的角度来看,团队的力量胜于个体的力量,因此直播团队的组建是必须要提上日程的工作。这时要结合自身特点和未来的方向进行思考:如果是入行直播的创业者,该如何搭建团队?如果是个小卖家,该如何配置团队?

项目提要

本项目通过解决两个问题——如何组建直播运营团队,以及如何制定并实施团队管理与绩效体系,从而掌握从零开始培育一个直播团队的基本思路。

项目思维导图

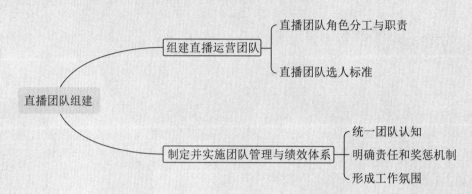

引例

王小帅就职于一家以图文和短视频业务为主的 MCN 机构。受 2020 年的疫情影响，公司决定扩展直播业务。因为在直播方面敏锐的洞察力和初露锋芒的管理才能，公司决定让他组建一支直播运营团队，专门负责在电商平台上的直播事宜，如作为中间方，对接商家和主播，帮助商家获得更大的销量，从而获取相应的服务费。并且，公司准备物色合适的人选，开始培养自己的电商主播。王小帅深感责任重大，用三天的时间做好了团队搭建的初步方案并提交给公司。

建议学时

8 学时。

任务 6-1　组建直播运营团队

由于项目刚启动,需要控制试错成本,所以王小帅决定先从公司内部选调 2～3 名合适的同事,等作出一定的成绩后,再根据项目需要扩大团队。李总告诉王小帅,公司会大力支持他的项目,并且给王小帅准备好了一间 15m² 的隔间作为直播场地,设备也按照之前的方案准备了。

知识目标:

1. 了解直播团队的角色分工和职责。
2. 了解直播团队的选人标准。

技能目标:

1. 掌握直播初创团队分工及各角色所需承担的职责。
2. 掌握从开播准备到复盘的整个直播流程。

思政目标:

1. 能够与团队和睦相处,高效交流意见。
2. 能做到虚心学习、取长补短。

建议学时

4 学时。

步骤1 组建一个三人的团队,根据围绕主播所开展的工作及自己擅长的技能分配职务,选定所扮演的角色。角色采用轮岗制。

步骤2 团队开会讨论第一期直播的选题、选品。

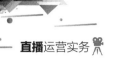

步骤3 根据主题布置直播间，并在开播前完成设备调试。

步骤4 根据主题和选品撰写商品脚本及直播脚本。

步骤5 根据脚本进行直播。

步骤6 直播完成后，进行直播复盘。

步骤7 对于整场直播前后的个人表现进行复盘，必要时做岗位调整。

一、直播团队角色分工及职责

进行直播就像拍电影，拍摄前期要有导演和编剧规划出整体的结构和框架，以及相关工作人员做好充分的策划和准备。拍摄期间要有执行导演、场务和剧务等进行资源的协调，控制好现场情况，处理突发事件。后期还要有宣传人员进行电影的宣传和推广。最重要的是，一部好电影的完成，离不开整个团队的通力配合。

直播也是如此，需要前期的策划、过程的协调、具体的执行。在具体的人员配置方面，刚起步的直播团队的标配为：运营＋场控＋主播。

1. 运营

运营岗位的职责包括三方面：整体规划、团队协调和复盘提升。

（1）整体规划。运营人员需要根据主播所处的成长阶段，制订主播孵化和成长方案。在日常运营中，根据日常安排、节日安排、平台活动等关键要素规划直播主题，同时负责选品和策划直播脚本。例如，直播的主题是日常直播还是活动直播？根据主题需求，需要筛选哪些商品进行合作？奖品和福利如何设置？奖品如何发放？这些都需要运营人员在前期进行主导规划。

（2）协调团队。运营人员通常还承担组织者的作用，需要协调与直播相关的主播、场控、商务等成员，使整个团队通力配合完成一场直播。

（3）复盘提升。运营人员一方面需要实时监控直播中的各项数据，根据不同的情况及时进行商品、时间、策略等方面的调整；另一方面也需要及时总结和复盘每场直播的数据，不断优化直播内容和玩法，才能达到提升直播效果的目的。

除了以上这些职责，根据团队的需要，可能还要对接商务资源和主播资源，以及负责挑选、培训新的主播，堪称团队中的"头脑担当"和"多面手"。

2. 场控

场控的工作职责包括4个方面：软硬件调试、后台操作、提醒、指令接收及传达。

（1）软硬件调试。场控在开播前要进行相关的软硬件调试，如摄像头的角度、画面分辨率、灯光的强弱、音频输出、背景音乐和直播贴片等。

（2）后台操作。开播之后，场控要负责好主播台的后台操作，包括直播推送、发布公告栏信息、宝贝上架及推送优惠券等工作。

（3）提醒。场控其实也类似于主播助理，提醒将是一个重要的职责。流量高峰期提醒、商品爆单提醒、活动时间提醒、直播环节提醒、商品信息提醒、商品优惠提醒等都是重要的提醒内容。

（4）指令接收及传达。对运营发放的指令，如实时的活动通知，或者是新加入的直播福利及玩法，应及时地传达给主播。

3. 主播

主播是直播间的核心角色，需要参与规划主题、直播选品、商品测评、脚本策划、直播复盘等工作。另外，随着团队的成熟，可以考虑配备直播助理或者副播，负责配合主播做好前期的商品确认和开播准备工作，同时还要在直播中配合主播做好商品讲解，带动直播间的节奏。

（1）前期准备。在开播前，主播需要熟悉直播脚本和直播商品，熟记每场直播的商品信息、价格信息、优惠方案、商品卖点、库存信息、活动方案和配合方式等。

（2）中期互动。在直播的过程中，主播需要注意活跃直播间的气氛，及时解答粉丝疑问，合理运用信任手法打消粉丝的顾虑，使用成交策略提高订单转化率。同时，时刻注意粉丝的活跃度，引导新粉丝关注。

（3）下播维护。主播要注意自己个人 IP 的打造，提高粉丝黏性。

总之，无论是店铺直播还是机构直播，运营、场控、主播可以说是标准的人员配备。随着业务的扩大，团队需要及时根据需求扩充新的岗位，如招商、买手、仓管、品控、摄影师和美工等，如图 6-1 所示。

图 6-1

二、直播团队选人标准

1. 运营

（1）性格。性格和态度是运营重要的选人标准。性格方面，一名合格的运营通常需要具备耐心、仔细、善于与人沟通的特质。态度方面，运营属于自我驱动型人员，即运营需要具备积极、主动的态度特质。

（2）能力。运营的能力偏管理层面——计划、组织、指挥、协调和控制。在具体事务层面，还要求运营人员能够具备完整的活动策划能力、缜密的数据分析能力、强大的执行能力以及紧急事件处理能力。

2. 场控

（1）技能。熟练掌握直播硬件及软件操作技能，掌握基本的办公软件操作、软件安装、电脑功能调试、插件安装及较快的键盘操作速度。

（2）能力。优秀的场控要有强大的执行力、反应能力及时间观念，能够根据脚本做好前期准备工作和直播间的控制，把握直播间的节奏。基地型直播间的场控，还承担着"老板"的角色，要求具备较强的销售意识与销售技能，负责配合主播，调动直播间的销售氛围。

3. 主播

（1）外貌。主播的外貌最基本的要求是五官端正，或者拥有记忆点的特点，再或者是很适合某些类目的商品，如一个化妆品类目的主播，素颜不怎么好看，但是上妆之后妆容效果不错，那么她就是适合的。高颜值不是筛选主播的必要条件。

（2）表达。主播的普通话标准、表达能力强、反应快是首要条件。如果主播的语言风格独特，也有利于打造个性化的主播。

（3）性格。作为主播，会面临黑粉攻击、粉丝质疑等容易引起情绪波动的情况，所以乐观、情商高、善于自我调节和控制情绪是主播非常重要的特质。

（4）专业。尽管通过脚本和商品详情页，主播可以提前了解直播所需的各类信息，但是如果主播具备一定的专业素养则能够很好地体现出区别于一般主播的专业度，如李佳琦对口红的了解与他在欧莱雅的从业经验分不开。

（5）兴趣。主播的工作强度高于一般的工作。工作时长基本维持在 10～12h，作息时间属于非正常作息时间，这几个特点决定了如果主播从事这个行业并非出于兴趣，中途退出会是常态。

经验分享

1. 在团队合作中，有些人"能者多劳"，有些人"浑水摸鱼"，一定要清楚自己的目的是什么，如果是为了提升自己的能力，那么做得多反而是占便宜。

2. 管理者要注意控制财务成本，特别是新入行的公司，尽可能招聘一专多能的员工，如既能直播运营，也要能招商和品控。

3. 对于新的直播机构来说，最好垂直于某个类目入手开启直播业务，如从美妆入手，那么在选择团队成员时首先应当考虑对方是否有美妆相关经验。

知识训练

1. 运营岗位的职责主要包括（　　）。[多选]
A. 内容策划　　　B. 对接资源　　　C. 团队协调　　　D. 数据分析

2. 场控主要在直播的（　　）阶段中发挥作用。[单选]
A. 前期准备　　　B. 过程控制　　　C. 直播复盘　　　D. 日常维护

3. 主播助理可以承担哪些工作？（　　）。[多选]
A. 协助进行直播间的布置
B. 协助进行选品和脚本的整理
C. 在直播中配合主播，响应主播的指令
D. 在主播不在的时间段担任临时主播

4. 选择主播时，应当考虑哪些因素？

5. 简述场控应当具备的能力。

6. 搜集招聘网站上的直播运营岗位招聘信息，整理其岗位职责。

技能训练

"组建直播运营团队"技能训练表，见表6-1。

表 6-1

学生姓名		学　号		所属班级	
课程名称			实训地点		
实训项目名称	组建直播运营团队		实训时间		
实训目的： 1. 掌握直播初创团队角色分工及各角色所需承担的职责。 2. 掌握直播从制作到复盘的整个流程。					
实训要求： 按照操作步骤，形成个人复盘总结。					

（续表）

实训截图过程：	
实训体会与总结：	
成绩评定（百分制）	指导老师签名

二维码扫一扫，下载实训表格。

任务 6-2　制定并实施团队管理与绩效体系

经过一段时间的准备，直播团队初步建立起来，大家的情绪很积极，氛围很好，但王小帅知道，这种初创团队的热情不久就会消散，只有统一的意识、明确的分工和合理的奖惩机制，才能让团队走得更远。于是他根据公司和团队现阶段的情况，结合目前直播行业的绩效考核方式，制定了一套规则和制度，以及绩效考核方案、福利方案等。在这些规则的约束下，团队开始井井有条地开展业务。

知识目标：

1. 了解团队管理的意义和方法。
2. 了解直播团队绩效的构成。

技能目标：

1. 掌握直播团队的管理思路。
2. 掌握直播团队绩效的设计思路。

思政目标：

1. 在团队管理中，做到遵纪守法、注重人性、传递正能量。
2. 着眼全局、细致入微，能客观地分析问题。

4 学时。

步骤1 团队核心成员讨论管理机制和激励机制。

步骤2 规划团队的长期目标和月度目标，规定例会时间和基本的管理制度。

步骤3 参考表 6-2，设计针对淘宝某店铺主播的激励方案。

表 6-2

底薪	4 000 元
绩效	无绩效：每月直播低于 15 场 三等绩效：每月直播 15～20 场 二等绩效：每月直播 21～25 场，且月增长粉丝超过 2 万 一等绩效：每月直播 26～30 场，且月增长粉丝超过 5 万
提成	月销售额低于 10 万元：无提成 月销售额 10 万～50 万元：2% 提成 月销售额 50 万～100 万元：5% 提成 月销售额大于 100 万元：5%～7% 提成
奖金	月度销售额超过 80 万元，团队共奖励 1%，团队成员平分奖金

步骤4 参考表 6-3，设计直播运营团队的激励方案，注意成员激励与主播激励挂钩。

表 6-3

角色	运营助理	直播运营	运营总监
底薪			
绩效			
提成			
奖金	月度销售额超过 80 万元，团队共奖励 1%，团队成员平分奖金		

步骤5 团队全体成员开会，公布规章制度和激励方案。

相关知识

一、统一团队认知

店铺型主播团队的凝聚力，和达人型主播团队的凝聚力，有本质上的区别。相较而言，目前大部分店铺的主播属于受雇形式，以店铺运营方的意志为主导，其成就欲望和内在驱动力比达人型主播低。达人型主播团队中，主播和公司之间属于合伙人式关系，主播的意志占据重要的位置。但无论两种团队中主播占据何种位置，团队的凝聚力都是成功的关键要素。想要打造具备强大凝聚力的团队，统一团队认知是基础。

团队是由为数不多的、相互之间技能互补的、具有共同信念和价值观的、愿意为组织共同的目的、业绩目标而坚毅奋斗到底的人们组成的正式群体。从团队的定义中，可以看出主播团队应该从以下几个方面着手。

1. 设立目标

目标适合按照 SMART 原则进行制定，即目标需要具体的（Specific）、可衡量的（Measurable）、可实现的（Attainable）、有相关性的（Relevant）、有时间限制（Time-bound）。

目标包括团队目标和个人目标，特别是当个人目标和团队目标相统一时，能够达到更好的效果。例如，你的目标是成为一个优秀的主播，团队现阶段的目标是通过将你打造成一个优秀的主播，从而提升整个团队的业绩，这时，团队的战斗力就会非常强大。

2. 重视直播流程

标准化流程，有利于提高团队的协作效率，避免产生无效的工作。例如，可将直播流程细化为多个阶段，如图 6-2 所示。

图 6-2

直播团队的核心任务就是做好直播，所以在直播流程方面需要仔细梳理达成无缝衔接，团队成员必须要有明确的分工职责和对接流程，重视直播的前期、中期、复盘和维护工作。

3. 追求做到更好

一个好的团队，其成员都应当有"追求更好"的工作态度，如果每个成员都有这种认知，团队必然能不断进步。

4. 与粉丝共情

直播团队的每个成员，都应当把粉丝当作朋友来看待，而不是冷冰冰的 ID，只有与粉丝平等、真诚地互动，才能赢得长久的胜利。

二、明确责任和奖惩机制

规章制度是团队成员工作的标准和规定，是内部经济责任制的具体化。根据自身特点制定一系列的规章制度，明确每个团队成员各自的岗位职责和公司的奖惩机制。

1. 主播的管理和激励

对于主播的管理，除了合理配置资源，定制短期直播计划、培训计划和人设打造方案之外，还要注意对主播的考核。

主播的薪资一般由三块组成：底薪＋绩效＋提成，可以参考以下方案，并结合自己店铺或公司的实际情况来定，见表 6-4。

表 6-4

项　　目	主要考核内容
底薪	3 000～5 000 元，主要参考地区和主播的经验、能力
绩效	2 000 元，主要考核主播的直播时长、直播频率、场观等
提成	阶梯制，根据直播间引导成交金额设置比例

以上的方案更适合成熟的主播。

对于新主播，考核的重点是直播经验积累、直播技能掌握程度、粉丝转化能力等。因此，可以根据自己店铺或机构的实际情况给新主播设计不同的主播等级，就像淘宝直播主播层级一样：初级主播考核学习能力、直播技能掌握能力、粉丝转化能力；中级主播考核直播间互动情况、粉丝在线时长、新增粉丝数、直播支付转化、观看指数、直播成交金额等。

不管是初级主播还是高级直播，一个很重要的考核点就是主播的态度。从系统的角度来看，如果主播因为自身原因而无法达到直播时长、转粉率、成交金额等指标的考核，会对账号的直播权重有很大的影响。从粉丝的角度来看，如果主播经常不开播，或者不能定时开播，粉丝也会快速流失。所以，公司要适当地对主播进行态度方面的考核，并且在主播的心态出现波动时给与正确的引导和鼓励。

主播激励方向，见表 6-5。

表 6-5

主播类型	主播激励方向
萌新主播	分析：没经验、有信心 激励方向：面对不如预期的成绩，主播容易产生挫败感。此时的激励应多描绘直播前景，讲述其他主播坚持的过程，多发现主播的闪光点和数据提升趋势，提升主播信心
成熟主播	分析：有经验、有信心、有瓶颈 激励方向：需要运营团队全面剖析主播本身所处的阶段及所需突破的瓶颈。匹配更优质的资源、策划更吸粉的活动，帮助主播解决流量的承接和转化需求
头部主播	分析：有经验、有信心、需方向 激励方向：成长为头部主播，需要围绕主播本身建立一支足够强大的团队，尤其从商业化的角度，更加细致地规划主播的发展方向，并加大外部宣传与投放，帮助主播进一步扩大名气

2. 团队的管理和激励

对于主播外的其他成员，在管理和设置奖惩机制时要注意以下几点。

（1）收入与主播挂钩，与公司业绩挂钩。一方面，团队成员的收入应当与主播的业绩挂钩，这样更有利于提升团队的凝聚力、战斗力；另一方面，根据公司的盈利情况，可以每月、每季度、每年发放激励奖金，调动成员的积极性，不断提高劳动效率和经济效益。

（2）设立提升机制。目前，比较常见的淘宝直播运营岗位主要分为直播运营助理、直播运营专员、直播运营主管和直播运营总监 4 个级别，级别之间的晋升时间一般在半年至一年的时间，相对其他行业来说快很多。

大部分的直播机构和直播店铺运营人员的工资标准都是底薪＋主播绩效提成的形式，能力强、团队给力的运营人员，收入还是十分可观的，如图 6-3 所示。

图 6-3

三、形成工作氛围

影响整体工作氛围的因素，主要包括制度和文化两个方面。

1. 制度

在制度方面，主要解决以下几个问题——分工是否明确？奖惩机制是否严格执行？是否注重人性化管理？

2. 文化

文化对工作氛围的影响很难具象表现，如团队成员之间是否相互认可？是否是良性竞争关系？管理层是否有远见、有人格魅力？公司的声誉和知名度如何？等等。所以，在文化方面，一方面可以通过月度、年中、年终等会议总结工作，展望未来，激励员工工作的积极性，加强信心；另一方面，可以通过一些福利活动和团建活动，提升团队成员的归属感，使团队更加和谐。

电商直播从兴起到现在也就 4 年左右，大部分有经验的直播运营人员都是从店铺运营人员或娱乐经纪人等转行过来的，他们一点点摸索成长起来，目前人才缺口比较大，特别是有经验的直播运营，对于各大直播机构、直播供应链、淘宝直播店铺等，都有重要的价值，当然也存在同行之间互挖直播运营的例子。所以，在团队的管理方面，既要注意稳固现有团队，又要注意培养新人。

> **知识训练** >>

1. 为了增强团队的凝聚力和目标性，直播团队的薪资通常和（　　）的薪资挂钩。[单选]
 A. 运营　　　　　　B. 管理者　　　　　　C. 主播　　　　　　D. 招商

2. 以下哪几个选项对提升工作氛围有帮助？（　　）。[多选]
 A. 公司的硬件条件　　　　　　B. 福利及团建活动
 C. 人性化管理机制　　　　　　D. 沟通

3. 常见的运营晋升级别有（　　）。[多选]
 A. 主播助理　　　　B. 运营主管　　　　C. 经理　　　　D. 招商专员

4. 对新主播的考核应当注意哪些问题？

5. 主播的绩效考核主要包括哪些方面？

6. 请设计一个团建活动，并说明其作用。

技能训练

"制定并实施团队管理与绩效体系"技能训练表，见表6-6。

表 6-6

学生姓名		学 号		所属班级	
课程名称				实训地点	
实训项目名称	制定并实施团队管理与绩效体系			实训时间	
实训目的： 1. 掌握直播团队的管理思路。 2. 掌握直播团队绩效的设计思路。					
实训要求： 按照操作步骤，形成规章制度和激励方案。					
实训截图过程：					
实训体会与总结：					
成绩评定（百分制）			指导老师签名		

二维码扫一扫，下载实训表格。

项目 7
直播复盘与数据运营

每场直播都会产生直接的数据,如浏览次数、商品点击次数、关注人数、粉丝回访率等。进一步,通过相应的计算产生二次数据,如转化率、粉丝增长率等。数据通过挖掘和分析的方式方能发挥出最大的价值。而要将这些价值真正地最大化,则需要基于对业务和用户有更深层次的理解。

项目提要

本项目通过解决两个问题——直播复盘应当怎么做?如何根据数据优化直播效果?从而掌握直播复盘和数据运营的基本思路。

项目思维导图

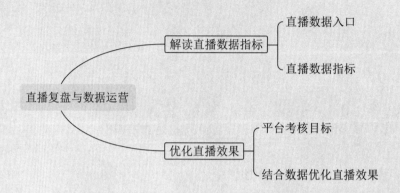

引例

刚毕业不久的林阳经过重重面试，终于入职了心仪的化妆品公司，成为一名直播运营助理，负责协助直播运营琪姐开展工作。琪姐告诉他，公司的化妆品主要通过达人直播进行销售，他目前的主要任务，就是每天将直播间以及电商平台的后台数据整理出来，以方便团队进行运营决策。

建议学时

8学时。

任务 7-1 解读直播数据指标

琪姐给了林阳几个后台账号和几份表格,告诉他明天晚上有场重要的直播,让他先看看后台,熟悉后台功能和已有的数据,对公司整体的直播销售情况有个总体的了解。等直播完成后,让他按照直播的后台数据,把表格填好后交给她。

知识目标:

1. 了解直播数据分析的意义。
2. 了解直播运营中各项数据指标的含义和作用。

技能目标:

1. 能熟练操控常用的数据平台。
2. 能计算出各种比率,制作数据分析表和图表。

思政目标:

1. 能做到实事求是,不造假、不敷衍。
2. 有独立的判断能力,能客观地对待数据分析工具,不盲目地相信分析工具。

4 学时。

步骤1 登录阿里创作平台(we.taobao.com),如图 7-1 所示。

图 7-1

步骤2 依次选择"统计"菜单、"内容分析"菜单、"渠道分析"菜单,并勾选"浏览次数""浏览人数""粉丝浏览次数""粉丝浏览人数",以及"新增粉丝数"这5个选项,如图7-2所示。

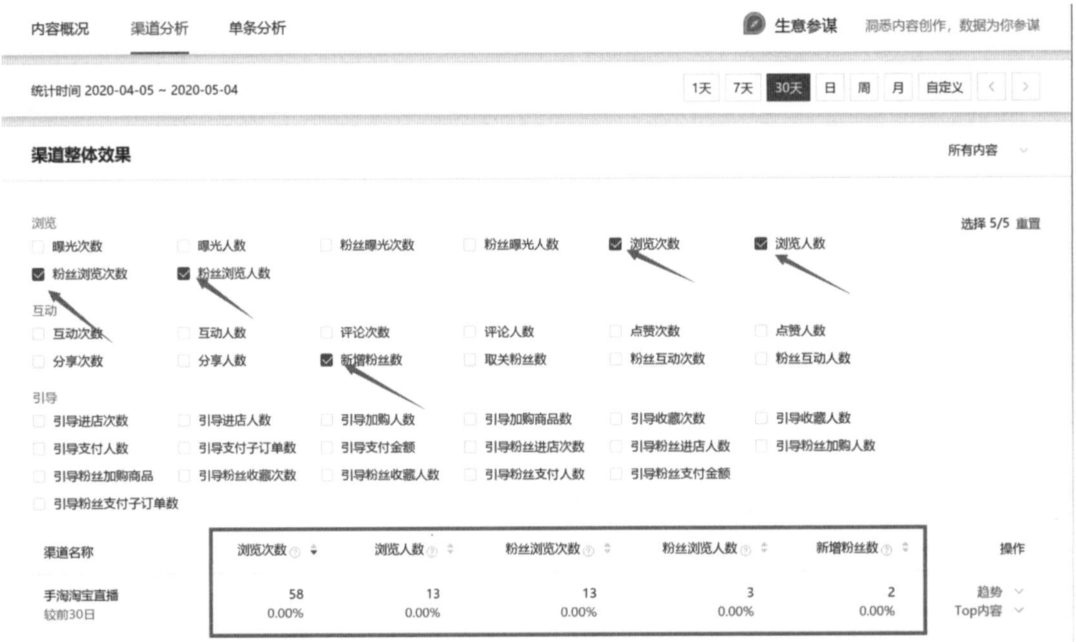

图 7-2

步骤3 按照表7-1中所列的公式,计算出相应的浏览数据。

项目 7　直播复盘与数据运营

表 7-1

数 据 指 标	PV/UV 比 （访客回访比）	粉丝 PV/ 粉丝 UV 比 （粉丝回访比）	加 粉 率
计算公式	浏览次数 / 浏览人数	粉丝浏览次数 / 粉丝浏览人数	新增粉丝数 / （浏览人数 - 粉丝浏览人数）
计算结果			
指标意义	这几个指标反映的主要是粉丝回访情况和涨粉情况，数值越高，说明主播的粉丝黏度越好		

步骤4 勾选"浏览人数""粉丝浏览人数""互动人数"，以及"粉丝互动人数"这四个选项，如图 7-3 所示。

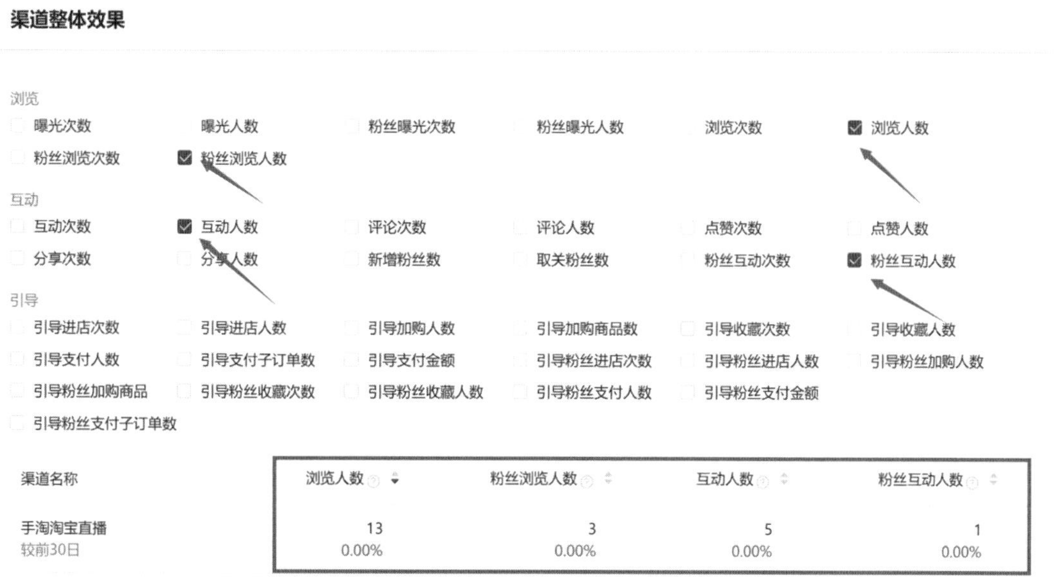

图 7-3

步骤5 根据表 7-2 中所列的公式计算出相应的互动数据。

表 7-2

数 据 指 标	互　动　比	粉丝互动比
计算公式	互动人数 / 浏览人数	粉丝互动人数 / 粉丝浏览人数
计算结果		
指标意义	互动情况反映了直播间的活跃度，也反映了主播的互动能力，互动高的直播间更容易成交	

步骤6 勾选"浏览人数""粉丝浏览人数""引导进店人数""引导支付人数"，以及"引导粉丝支付人数"这 5 个选项，如图 7-4 所示。

图 7-4

步骤7 根据表 7-3 中所列的公式计算出相应的进店数据。

表 7-3

数据指标	引导进店率	引导转化率	粉丝引导进店率
计算公式	引导进店人数 / 浏览人数	引导支付人数 / 引导进店人数	引导粉丝进店人数 / 引导粉丝浏览人数
计算结果			
指标意义	引导进店反映了直播间商品的吸引率。进店率高说明用户对商品兴趣度大，进店率比较低需要反思的是商品本身没有吸引力，还是主播讲解不到位，或者利益点不够吸引人		

步骤8 选择左侧的"直播"菜单，进入淘宝直播中控台，可以查看并下载更全面的数据。但是，这里只保留近 30 天的数据，因此要注意定期下载，如图 7-5 所示。

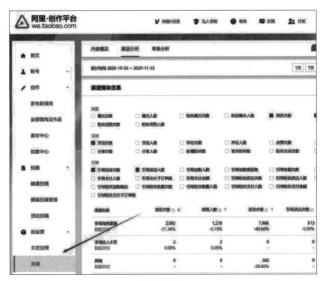

图 7-5

数据一方面反映出之前工作的结果如何,另一方面为下一步的计划和决策提供了参考依据。

一、直播数据入口

淘宝直播数据有多个数据统计和呈现端口,主要包括达端淘宝直播中控台、阿里创作平台,以及商家端的生意参谋等。另外,也可以通过一些第三方平台查看行业大盘数据以及像抖音、快手等站外直播平台的数据。

1. 淘宝直播中控台

打开路径:https://liveplatform.taobao.com。

在中控台,可以查看实时数据,和近期每场淘宝直播的数据,如最高在线人数、封面图点击率这两个数据,是只有中控台才有的,如图7-6所示。

观看次数 710 访问 封面图点击率 5.04%　　最高在线人数 25　　平均观看时长 59秒 粉丝547秒　　直播间浏览次数 1,015 粉丝占比 31.92% 额外激励流量 1

图　7-6

在流量一栏可以看整体流量情况,如从下午2点播到7点,经过一段时间的数据印证,发现下午6点到7点的流量很低,从运营层面可以考虑放弃这个时间段,选择在6点下播。

在流量来源分析中,浅蓝色表示粉丝回访,也就是回访粉丝的变化,黄线代表平台给你的推荐权重,也就是平台流量的变化,还有其他指标,如微淘、主播主页、搜索、分享回流等数据段,各自代表不同的含义,如图7-7所示。

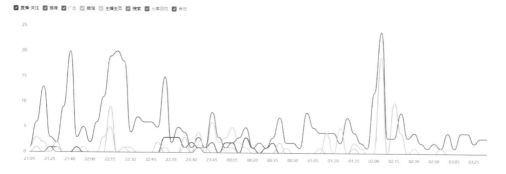

图　7-7

这里要注意，不要过于关注黄线的高低，长久来说，还是要追求关注人数、微淘、宝贝详情等私域流量的增加，因为这才是主播的立身之本。

2. 阿里·创作平台

打开路径：https://we.taobao.com。

在阿里创作中心，主要查看的是"内容分析"中的"渠道分析"和"单条分析"中的数据，主要包括浏览、互动，以及引导方面的数据，如图7-8所示。

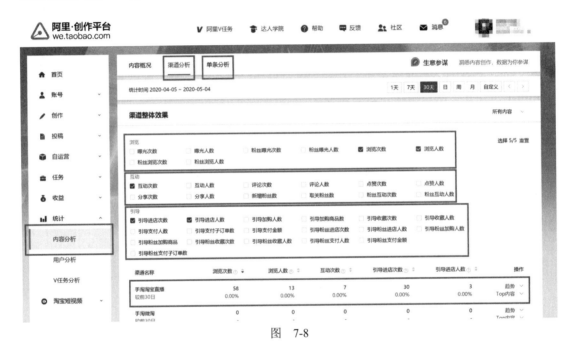

图 7-8

这里的数据，其实调取的是生意参谋后台的数据，因此，打开生意参谋也能查看并下载这些数据。

3. 生意参谋

打开路径1：千牛后台——生意参谋。

打开路径2：淘宝网——卖家中心——数据中心——生意参谋。

打开路径3：https://sycm.taobao.com。

在生意参谋中，会通过"流量"看板和"内容"看板查看直播的相关数据，从而了解淘宝直播带来的访客数和下单转化情况，如图7-9所示。

4. 淘宝联盟

打开路径：https://pub.alimama.com。

如果你是商家，与主播以CPS结算的方式合作，那么在淘宝联盟后台可以查看效果数据，如图7-10所示。

项目7 直播复盘与数据运营

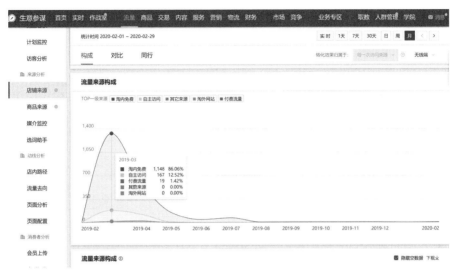

图 7-9

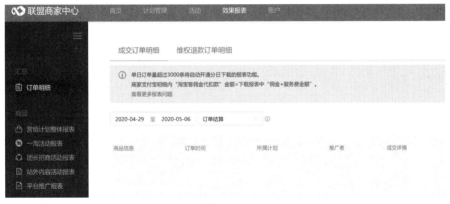

图 7-10

5. 知瓜数据、直播眼和萤火虫等第三方数据平台

对于直播数据，千牛后台能查到店铺合作主播的数据，如果想了解一些行业数据，还需要借助第三方数据平台，见表7-4。

表 7-4

名称及网址	特　　点
知瓜数据 https://www.zhigua.cn	专门用于淘宝直播数据分析，提供了主播带货转化量分析、粉丝互动分析、粉丝画像分析等实用功能，也提供了播主销量榜、爆款商品榜、MCN排行榜等各类电商直播的相关榜单
直播眼 https://new.zhiboyan.net	全方位洞悉淘宝直播平台，定位高性价比主播及热销商品，查看竞品店铺的直播策略，提供直播销量、直播销售额、同时在线人数和增粉数等数据
萤火虫 https://yihoc.com	在数据方面的功能与前面两个平台大同小异，不同的是萤火虫可以以插件形式配合淘宝联盟、千牛、直播中控台，使用更方便。另外，除了提供数据服务，萤火虫还提供视频切片等工具服务，帮助用户对回放视频进行切片剪辑

（续表）

名称及网址	特　点
蝉妈妈 https://www.chanmama.com	提供抖音直播数据，包括抖音直播的各种达人榜单和商品榜单等
飞瓜数据 https://www.feigua.cn	提供抖音、快手的直播数据

二、直播数据指标

对于长期的直播运营，目标是希望拥有更高的观看量、更高的成交量以及粉丝的不断增长和留存。因此，对应的数据指标有浏览方面的指标、转化方面的指标和留存方面的指标，每一类指标又可以细分为不同的维度，见表7-5。

表　7-5

指标类别	细分指标	释　义
浏览指标	浏览次数	看过直播并且离开直播间的累计人次；一个ID多次进出直播间可叠加；"浏览次数"不等于"场观"，它通常大于"场观"
	粉丝浏览次数	关注过主播的用户进出直播间的次数
	读者浏览次数	未关注主播的用户进出直播间的次数
	商品点击次数	整场直播所有进入直播间的用户点击商品的次数，一个用户多次点击可叠加
转化指标	总商品交易额（GMV）	GMV是最重要的转化指标，但属于不完全准确的数据。因为目前GMV更多的是按照页面价计算，也未排除退款金额。报道中"某某主播一场直播成交几个亿"，通常是指GMV
	支付金额	剔除了退款等金额后的用户的实际交易额。相比GMV，支付金额更为精准
	付费用户量	在商品中发生过付款行为的用户量。分为首单用户（新客）、忠诚消费用户、回流消费用户（一段时间未购买，但是又复购）。付费用户比例 = 付费用户数 / 直播间总用户，该公式可以用来预估直播间用户的购买力
	复购率	单位时间内，消费两次及以上的用户占购买总用户的比例，是直播间带货能力的重要指标，也是平台考核直播间的重要指标
留存指标	用户留存率	用户留存率 = 留存用户 / 当初的总用户数，如次日留存就是很重要的指标，有多少用户是否愿意第二天继续观看直播，证明直播是否成功
	用户流失率	流失率 = 流失用户 / 当初的总用户数。流失率的重要性在于，它可以在一定程度上预测一个直播间（商品）的生命周期。如果某直播间在没有新增用户的前提下，周用户流失率高达40%，那么三周就会失去所有的用户，这是个非常危险的信号

以上所说的直播数据获取渠道，既可用于分析对标的主播，也适合店铺在进行直播投放时对主播进行判断。而直播的核心指标主要是围绕浏览、转化、留存三个方面的指标，

在实际运用的过程中，需要根据自身特性加以筛选。

由于直播数据存在时效性，不会长久地保存在数据平台，建议用截图配合 Excel 做好数据记录，方便进行当月的同比和不同月份的环比分析。

知识训练

1. 封面点击率在哪个平台查看？（　　　）。[单选]
A. 淘宝直播中控台　　B. 第三方数据平台　　C. 生意参谋　　　　D. 阿里·创作平台
2. 粉丝回访比怎么计算？（　　　）[单选]
A. 粉丝浏览次数 / 访客数　　　　　　　　B. 新增粉丝数 / 粉丝总数
C. 新增粉丝数 / 粉丝浏览人数　　　　　　D. 粉丝浏览次数 / 粉丝浏览人数
3. 下面哪个平台属于第三方直播数据平台？（　　　）。[多选]
A. 优达人　　　　B. 知瓜数据　　　　C. 萤火虫　　　　D. 淘宝联盟
4. 什么是 PV？什么是 UV？
5. 什么是粉丝回访率？
6. 阿里·创作平台里的直播数据在生意参谋中的哪里能找到？

技能训练

"解读直播数据指标"技能训练表，见表 7-6。

表　7-6

学生姓名		学　　号		所属班级	
课程名称				实训地点	
实训项目名称		解读直播数据指标		实训时间	
实训目的： 1. 能熟练操控常用的数据平台。 2. 能计算出各种比率，制作数据分析表和图表。					
实训要求： 按照操作步骤中的提示进行选择和计算，将结果填入表格 7-1～表 7-3。					

（续表）

实训截图过程：
实训体会与总结：
成绩评定（百分制）　　　　　　　　指导老师签名

任务 7-2　优化直播效果

每场直播后，琪姐都会带领团队进行复盘，林阳负责做复盘记录。几次复盘下来，林阳学到了不少，他对之前记录的各类数据有了更加整体的认识，能看到不少数据背后的问题和联系，还常常能给出一些不错的建议，对直播运营的战略规划也更有方向。

知识目标：

1. 了解直播平台的考核目标。

2. 了解直播优化的具体方法。

技能目标：

1. 掌握数据运营的思路。

2. 能够结合数据分析给出直播优化建议。

思政目标：

1. 在选择对标账号时，能选择具备正确价值观的账号。

2. 在数据分析中，能做到大胆探索、小心求证。

4 学时。

操作步骤

步骤1 登录直播眼（http:// new.zhiboyan.net），在淘榜单中，选择暴涨主播美妆类日榜中排名第一的主播，查看主播详情，如图 7-11 所示。

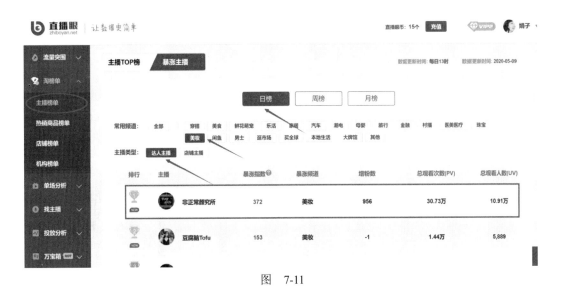

图 7-11

步骤2 在主播详情中，分别查看昨天、3 日内、7 日内、15 日内及 30 日内的直播数据，如图 7-12 所示。

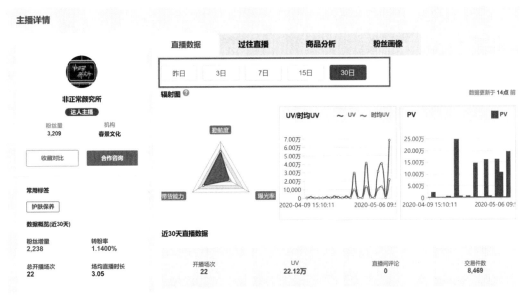

图 7-12

步骤3 通过查看30天的增粉数据、单场UV数据、预估销售额数据等，找出使其上榜的2～3场直播，如2020年5月8日这场直播，其UV数据和GMV数据都属于近期峰值，如图7-13所示。

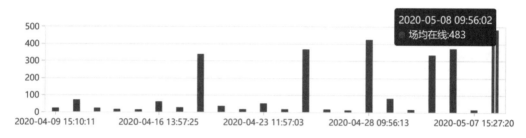

图　7-13

步骤4 在过往的直播中，找到这几场直播，查看回放，思考其数据波动的原因，如图7-14所示。

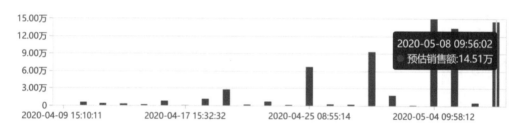

图　7-14

步骤5 选择一场直播,根据数据和直播回放,结合已知的直播运营知识,分析这场直播某个数据增长的原因。例如,该场直播的增粉数据高达 778 个,远远超过其他场次,是什么原因?请将分析的原因填入表 7-7。

表 7-7

序　号	数　据　表　现	原　因　分　析
1	增粉 778 增幅是以往的 4 倍	利益点设置较以往有变化,之前的直播是每增加 100 个粉丝就抽一次奖,而本场是每增加 50 粉丝抽一次。另外,本场还多了其他利益点,如每 5min 发一次红包,每 30min 抽奖送精华
2		
3		

一、平台考核目标

在没有付费推广的前提下,直播间的成长主要依赖于平台推荐量的大小,就像商场专柜的销量依赖商场人气一样,如何才能得到平台的认可和推荐就变得很重要。因此,必须了解平台要什么,特别是对于秀场、线下机构等缺乏电商平台直播经验的团队,更要懂得平台对于直播间的考核指标,只有直播团队的目标和平台考核的目标一致,才能使推荐量最大化。

简单来说,平台的考核目标主要是坑产。

坑产是指当平台给了直播间一个位置,这个直播间在该位置的流量产出。例如,假设直播频道排名第一的会有 100 个流量,这个位置给 A 主播能卖出 50 元,给 B 主播能卖出 80 元,那么平台当然倾向于把位置给 B 主播。坑位产出的精髓是衡量单位流量内的成交金额,谁的产出高,谁的排名就高,排名的高低影响着流量的多少。在此,容易产生理解的误区,即通过超低价商品爆单累积成交金额即可获得更高的权重。之所以说是误区,是因为超低价商品爆单的思路,可能和平台引导的商品成交价格方向相违背。

倒推回去思考,要增加坑产,得到平台的青睐,应该注意哪些指标呢?比较核心的指标有点击率、转粉率、停留时间、转化率、回访率以及回购率,其他还有大大小小的指标,如复看率、点赞量、进店人数等。再把影响这些指标的因素找出来,通过运营的手段进行干预提升,就会持续提升直播数据,进而获得更多的流量,产生更多的销售额。

再说转粉率，就和直播间的视觉、听觉、主播的亲和力、表达能力、关注引导话术和节奏等有关。如果一场直播的转粉率下滑，就要从这些因素进行分析，做相应的优化。

二、结合数据优化直播效果

在复盘和优化的具体方法上，一方面要注意做好数据记录，保留好原始数据。另一方面，结合行业数据进行分析，明确自己在行业里的位置，进而制定优化策略。

1. 做好数据记录

由于各直播数据平台的数据均不会长期保存，所以应当定期将需要的数据导出，做成 Excel 报表。

表 7-8 是某场直播的数据记录表，列举了常用的一些数据指标，可以结合自身情况进行调整（数据仅供参考）。

表 7-8

日期	观看次数	最高在线人数	平均观看时长/s	粉丝观看时长/s	直播间浏览次数	粉丝占比	新增粉丝数	商品点击次数	引导成交笔数	引导成交金额
9月23日	985	58	80	612	1 314	23.36%	11	187	15	409

2. 读懂数据的含义

各数据指标的数值高低，反映了直播的效果如何，如哪个宝贝比较受欢迎、粉丝回访情况怎么样？等等，再分析出现该情况的原因，从而实现优化。见表 7-9。

表 7-9

指标	数据解读
观看数	数值越高，代表效果越好
粉丝回访率	数值越高，代表粉丝黏性越高
新增粉丝数	数值越高，表示直播吸粉情况越好，可以用来衡量你的直播间是否符合用户的胃口、活动是否吸引用户参与、主播引导是否到位等
平均在线人数	数值越高，说明直播间人气越高，也间接地反映了直播间的活跃度和黏性
宝贝点击数	数值越高，代表观众对于直播宝贝越感兴趣
引导进店访客数	反映了直播间流量中，有多少访客进入了店铺
引导支付金额	反映了直播间渠道引导的成交金额，需要注意平均客单价
支付转化率	反映了直播渠道的客户转化情况，数值越高越好
UV 价值	体现了每一个访客的价值，即每个访客平均能带来多少收益，如果价值高，如 6 元/访客，那么可以考虑增加付费渠道进行引流，提升销售额。如果较低，如 1 元/访客，付费引流需要慎重考虑

3. 对比行业数据

当下的数据除了和历史数据进行纵向对比，还要结合行业大盘和竞争对手进行衡量对比，通过横向和纵向对比，得出的结论和推导出的优化方向会更加客观。

例如，尽管访客数低于行业均值，但是在支付金额方面，是略高于行业均值的，说明该直播间的 UV 价值是比较高的，如图 7-15 所示。

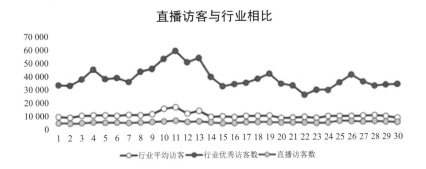

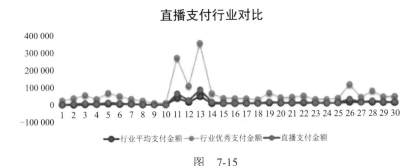

图 7-15

4. 直播数据自检

数据的最终目的是指导优化，每一项数据的背后，都是对于直播运营及店铺运营各个细节的衡量。需要直播团队根据数据的指向，不断优化相关细节，使直播效果不断提升。见表 7-10。

表 7-10

数据情况	原因分析切入角度
流量下滑	引流角度：外部宣传不到位、引流渠道结构不合理 行业角度：行业处于淡季、行业出现丑闻 主播角度：主播出现丑闻、主播状态不佳 平台角度：存在违规情况被处罚、类目流量调整、活动流量分配调整 运营角度：标签选择不合适、封面吸引力不够、标题吸引力不够、开播时间过短、开播时间段流量较少、商品吸引力不够、商品客单价过低、活动吸引力不够、直播权重下滑、粉丝回访降低

数据情况	原因分析切入角度
转粉不佳	主播角度：主播人设不鲜明、主播转粉引导话术需要优化、主播状态不佳 运营角度：活动玩法吸引力一般、装修陈列吸引力一般、人群标签不匹配
互动较少	主播角度：主播互动话术单一、活动玩法设计问题、主播控场能力弱 运营角度：活动力度不够、缺乏主动引导
转化一般	商品角度：选品逻辑问题、商品筛选问题、货品更新速度慢 运营角度：促单玩法单一、在线人数过低、缺乏氛围塑造
回访变低	商品角度：推荐商品不佳导致伤害粉丝、商品对粉丝吸引力一般 主播角度：主播回复不及时粉丝有失落感、主播更换直播风格 运营角度：开播未进行粉丝推送、开播无法进行粉丝推送（超过系统限制时间）、开播推送后粉丝未收到（超过系统限制次数）、未建立有效的粉丝群、未运营主播私域流量、主播贸然更换开播时间、开播前未及时宣传、转粉活动过多导致粉丝黏性一般、更换新的封面图

另外，对于不同阶段的主播，其复盘的标准不同。例如，对于新主播，要从吸粉和互动情况来考量。对于成熟的主播，会更注重引导进店和支付转化方面的数据。

在分析数据的时候要注意异常数据，这里的异常数据不是简单地指"差"的数据，而是指离平均线偏差较大的数值，或者波动幅度较大的数据。例如，某主播每天增粉长期维持在 50～100，某天增粉量突增到 200，虽然是个好结果，但也算异常数据，需要密切关注，查找原因。因此，强烈建议做好数据统计表，把需要的数据都放到表格里，方便发现数据的异常。

知识训练 >>

1. 对于新主播来说，以下哪一项数据更重要？（　　）。[单选]
   A. 转化率　　　　B. 点赞率　　　　C. 增粉率　　　　D. 宝贝点击率

2. 直播后，店铺的回访率下降的原因可能是（　　）。[多选]
   A. 宣传不到位　　B. 封面不够吸引人　　C. 商品出现了问题　　D. 售后维护做得不好

3. 粉丝增长率低的原因可能是（　　）。[多选]
   A. 主播人设问题　　　　　　　　　B. 利益点没有吸引力
   C. 选品有问题　　　　　　　　　　D. 流量标签不准

4. 新增粉丝数出现大幅度上升，其原因可能是？

5. 请举例说明，如何根据数据判断出最佳直播时段？

6. 为什么要另外做数据记录表？用什么软件做比较好？为什么？

技能训练

"优化直播效果"技能训练表，见表7-11。

表 7-11

学生姓名		学　　号		所属班级	
课程名称				实训地点	
实训项目名称	优化直播效果			实训时间	
实训目的： 1. 掌握数据运营的思路。 2. 能够结合数据分析给出直播优化建议。					
实训要求： 按照操作步骤中的提示进行计算分析，将结果填入表7-7。					
实训截图过程：					
实训体会与总结：					
成绩评定（百分制）			指导老师签名		

二维码扫一扫，下载实训表格。

项目 8
直播选品与卖点挖掘

如果把直播当作一座冰山,那么直播形式之所以能够迅速壮大,核心原因不仅在于冰山之上显而易见的"人"和"场"的形式变化,还在于冰山之下的"货"上的组织、筛选、展现、成交逻辑的变化。货,作为直播中人、货、场的三大要素之一,关系到主播粉丝群体的匹配与需求满足、商品点击率、支付成交金额等,直接挂钩经济利益。而围绕着货展开的,则有选品和卖点挖掘两大工作。

项目提要

本项目通过解决两个问题——直播选品应当怎么做?如何围绕商品和消费者进行卖点挖掘?从而掌握直播选品和卖点挖掘的基本思路。

项目思维导图

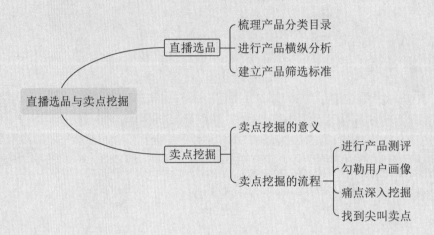

引例

作为刚入职的实习生，小欧被分配到招商岗位。作为一个刚入门的招商，小欧每天主要做两项工作：一项工作是面对找上门要求合作的商家，要对商家所提报的商品进行初步筛选；一项工作是要在茫茫的商品池中选出适合主播的商品，并和店铺方进行合作洽谈。作为新人，小欧急需掌握选品要诀。

建议学时

8学时。

任务 8-1　直播选品

"商品能否卖得爆,要看粉丝想要不想要。"

首先,要求主播团队清楚主播直播间粉丝的画像。不同群体的消费心理特点也决定了引导话术的区别。例如,同样一款电饭煲,年轻女孩更在乎的是功能便捷、外形好看。而宝妈们,则更在乎的是材质的环保、煮出来的米饭口感好。

其次,直播间活动的策划,建立信任感很关键。一个偶尔路过直播间的人,要成为主播的客户,中间会需要一个关键动作,叫作"信任"。信任包括对店铺的信任、对单品的信任和对主播的信任。这两个因素告诉我们直播间的选品很重要。

那么,直播选品有哪些侧重点?在商品包装时又有哪些侧重点?

知识目标:
1. 了解直播选品的作用。
2. 了解直播运营中商品包装的含义和作用。

技能目标:
1. 能熟练运用选品逻辑进行选品决策。
2. 能熟练运用商品包装策略突出商品卖点。

思政目标:
1. 能建立优中选优的选品出发点,不唯佣金论。
2. 有独立的判断能力,能客观地对待商品销量,不唯销量论。

4学时。

操作步骤

步骤1 选定一位主播，从一场直播回放中选 30 种商品。

步骤2 对 30 种商品进行分析，填入表 8-1。

表 8-1

商品名称	热销程度	粉丝匹配程度	商品卖点	解决什么问题

相关知识

直播选品是指按照一定的筛选逻辑，为满足直播吸引流量、吸引成交、吸引回购、吸引回访及满足粉丝的需要，通过运用适当的商品比较分析方法、商品归类方法、爆品特征识别方法、货品清单组织关系，对市面上的商品进行筛选并最终进行直播的工作。

一、梳理商品分类目录

梳理商品分类目录的意义在于从行业层面建立对商品的宏观认知。对于新手，说到梳理商品分类目录可能会觉得无从入手，实际上借助平台现有的分类，完全可以在最短的时间内对商品分类进行一个相对可靠的梳理。下面以淘宝为例，讲解商品梳理的流程。

（1）打开淘宝网（www.taobao.com），找到首页的商品分类，如图 8-1 所示。

图 8-1

（2）单击商品分类，进入到分类详情，如图8-2所示。

图 8-2

将分类详情中的信息点整理到表格中，包括品牌、筛选条件等，如图8-3所示。

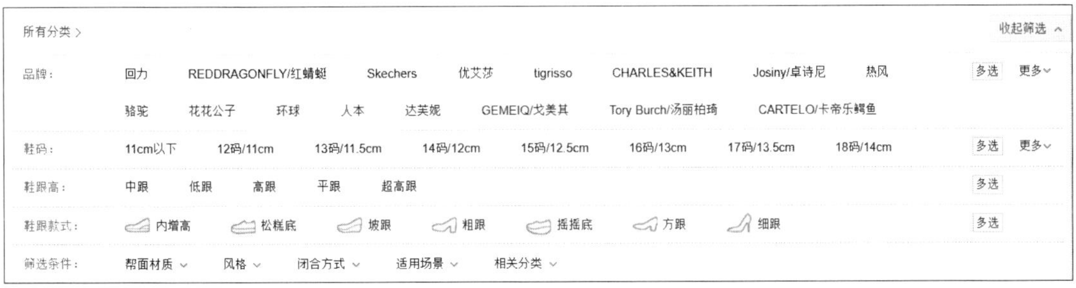

图 8-3

通过筛选条件，可以迅速掌握商品类目。如图8-3所示，根据女士运动鞋类目，可以迅速掌握、梳理出清晰的商品目录，见表8-2。

表 8-2

常见品牌	回力、红蜻蜓、Skechers、优艾莎、Tigrisso、Charles&Keith、Josiny/卓诗尼、热风、骆驼、花花公子、环球、人本、达芙妮、Gemeiq/戈美其、Tory Burch/汤丽柏琦、Cartelo/卡帝乐鳄鱼、星期六
鞋跟高	中跟、低跟、高跟、平跟、超高跟
鞋跟款式	内增高、松糕底、坡跟、粗跟、摇摇底、方根、细跟、马蹄跟
帮面材质	头层牛皮、PU、牛二层皮覆膜、弹力布、超细纤维、网布、织物、布、混合材质、二层猪皮、牛反绒（磨砂皮）、合成革、绒面、猪皮、太空革、羊皮（除羊反绒/羊猄）、牛仔布、羊皮毛一体
风格	休闲、学院、街头、欧美、简约、嘻哈、甜美、英伦、日系、舒适、公主、通勤、森女、中性、民族风、朋克、优雅、田园
闭合方式	系带、套脚、拉链、魔术贴、松紧带
适用场景	运动、办公室、正装

当整个主播团队了解清晰的商品目录后，主播可以迅速掌握该品类的简单知识，在做类目知识普及时避免犯下基础性错误。商务可以从整个品类和品牌的层面，系统地开展商品招商和筛选工作。运营可以从类目的未来走势及变化趋势，规划整个团队的未来商品走向。

二、进行商品横纵分析

先说商品的横向分析。

进行商品横向分析主要是明确：①确定商品的整体形象、价格、成分（原料）等在行业中的竞争力。②确保该品的价格对比其他店铺的售价具备优势地位。

不具备丰富选品经验的团队，无法准确把握商品的热销力度，更加合适的做法是借助第三方的直播数据平台进行查询，通过类似商品在其他主播直播间的直播成交表现，直接预估商品的热销力度，从而快速进行筛选。

再说商品的纵向分析。

商品的纵向分析，第一个分析层面是商品受众与主播粉丝群体的匹配程度。两者之间匹配程度越高，粉丝买单的可能性越高，反之亦然。商品受众可以通过商品详情页的参数部分的适合对象、商品介绍部分的受众、商品评价提炼出的受众画像进行总结。再与平台所披露的粉丝画像进行对照，从年龄层次、消费偏好、显性需求等维度预估两者的匹配程度（重叠度）。

第二个分析层面是商品受众与粉丝群体关联人群的匹配程度。粉丝背后的关联群体，如配偶、异性朋友、知己好友、父母、长辈、子女等，同样存在以粉丝为出发点的隐性需求。因此，在分析粉丝需求的时候，除了关注粉丝本身，还需要关注关联群体的需求，甚至主动帮粉丝明确隐性需求。例如，穿搭类主播，日常主要围绕女性粉丝群体进行商品的挑选和直播，每个月可以抽出一天进行以父母、配偶、子女等为中心的主题服饰直播。

第三个分析层面是粉丝群体在主播主领域之外的需求。例如,美妆类主播,也会举办以食品为主题的直播,满足的是主领域之外的需求。尤其是在主播成长以后,需要更多的主题活动锁定粉丝的注意力,如每日尝鲜、节假日活动、粉丝节等。

除了分析层面,主播团队对于商品能够爆卖的特征需要建立共性认知。

特征1:高性价比。目前直播间的核心依然是高性价比。高性价比并不意味着低价,真正的含义是优惠空间需要足够让人心动。足够让人心动,既可以迅速降低原本此商品消费群体的决策难度,又可以下探吸引原本更低消费层级的群体产生尝试意愿。

特征2:群体满足。80%的群体需要,意味着直播间面向的是大众群体,而非小众群体。

特征3:即时满足。需要满足当前的活动趋势和粉丝的需求。当前活动趋势以平台的核心销售日为例,像双十一、品牌日等是目标消费人群最集中、购买力和销售价值最高、影响力最大的日子。

特征4:商品独特。也就是通常所说的商品卖点,对比现有商品真正做到人无我有、人有我优、人优我特。

三、建立商品筛选标准

商品横纵分析,可以理解为软标准。建立商品筛选标准,则是硬标准。硬标准主要从平台要求、粉丝要求、配合能力几个角度进行设计。见表8-3。

表 8-3

筛 选 角 度	筛 选 标 准
平台要求	1. 满足DSR评分三项飘红 2. 不在禁播商品目录内 3. 不属于三无商品和假冒伪劣商品
粉丝要求	1. 全国发货(除非特殊商品) 2. 全国包邮
配合能力	1. 库存深度:库存深度5 000+(根据主播出单能力会有具体要求) 2. 发货能力:现货72h内完成发货,预售15天内完成发货 3. 价格把控:直播间价格为历史最低价,并保证直播间价格直播后3个月内最低价 4. 售后能力:第一时间处理粉丝售后问题

1.商品直播需要注意背景和灯光的影响。电商直播不适合采用娱乐直播的背景装修风格,需要结合主播定位、商品定位进行直播间的背景装修。在灯光设备方面,需要注意商品在正白光、暖白光、黄光等不同的色温下透过镜头传递的颜色是否失真。

2.服装类商品的直播，对于场地的选择非常关键。因为服装直播的镜头角度会从下朝上，能够更好地修饰主播的身材，所以场地的层高需要高于一般的居住型住房。在直播时，主播可以借助直播贴片、后台智能助理等方式，帮助用户快速理解主播身材与自身身材的差距，从而对服装是否适合自身能够作出更准确的评估。主播也可以考虑挑选身材较为一般的助理，其代表大众身材，上身效果更有说服力。

3.美食类商品的直播，可以考虑开放式厨房，或者装修成类似食品专柜的背景，更有沉浸感。在对食品进行讲解时，主播试吃商品的表情，实则会被粉丝用于对商品是否好吃的判断。

4.美妆类商品的直播，上手试色是必需的工作，也可以借助男助理试色的方式形成反差和提高粉丝互动。

5.家居类的直播，更适合场景式直播。场景会让粉丝和用户有代入感。

6.相对专业的商品的直播，可以借助较为容易理解的实验进行对比，也可以展示相应的证书。

知识训练

1.商品筛选标准中，价格把控能力是保证直播后（　　）内最低价。[单选]

A.一个月　　　　B.半个月　　　　C.三个月　　　　D.10 天

2.从平台角度出发，商品筛选的标准不符合的是（　　）。[单选]

A.满足 DSR 评分三项飘红　　　　B.不在禁播商品目录内

C.不属于三无商品和假冒伪劣商品　　D.7 天内无理由退换货

3.商品能够爆卖的特征有（　　）。[多选]

A.高性价比　　　B.群体满足　　　C.即时满足　　　D.从众心理

4.举例说明商品梳理的流程。

5.举例说明商品受众与粉丝群体关联人群的匹配程度的意义和作用。

6.举例说明服装类直播对场景、主播的要求。

技能训练

"直播选品"技能训练表，见表 8-4。

表　8-4

学生姓名		学　号		所属班级	
课程名称			实训地点		

（续表）

实训项目名称		直播选品	实训时间	
实训目的： 1. 能熟练运用选品逻辑进行选品决策。 2. 能熟练运用商品包装策略突出商品卖点。				
实训要求： 按照操作步骤进行选品和分析。				
实训截图过程：				
实训体会与总结：				
成绩评定（百分制）			指导老师签名	

二维码扫一扫，下载实训表格。

任务 8-2　卖点挖掘

小七作为开播不久的新人主播，最近却陷入了矛盾。原本她觉得自己的直播内容应该还蛮吸引人的，结果一位从事营销工作的朋友在看过她的直播后，认为她的直播内容没有明确的直播受众定位、卖点挖掘不够深入。

那么，直播究竟如何进行卖点挖掘？

知识目标：

1. 了解卖点挖掘的流程。

2. 理解卖点优化的意义。

技能目标：

1. 能熟练掌握卖点挖掘的基本方法。

2. 能熟练运用卖点挖掘对商品卖点进行优化。

思政目标：

1. 初步梳理科学的工作观念。

2. 具备对比意识和问题意识。

4学时。

步骤1 打开淘宝直播频道，以一个具体商品为搜索内容，在搜索结果中选择三个该商品的直播回放。

步骤2 观看三个直播回放，记录不同的主播对该商品的卖点挖掘，填入表8-5。

表 8-5

产品名称	主播	商品卖点一	商品卖点二	商品卖点三

一、卖点挖掘的意义

所谓卖点，是指所卖商品具备了前所未有、别出心裁或与众不同的特色、特点。这些特点、特色，一方面是商品与生俱来的；另一方面是通过营销策划人的想象力、创造力"无中生有"的。

在直播的过程中，卖点挖掘具有两大意义——形成信任、加强说服。直播的本质，是说服的过程。所以，直播说服过程是建立在用户决策过程的基础之上的，如图8-4所示。

用户 决策过程	认识	了解	评估	决策	执行
	有需要解决的痛点	了解产品	评估是否需要	相信并决策购买	下单付款
直播 说服过程	了解产品	开场话术	探寻需求	提出方案	促进成交
	了解产品可以解决哪些痛点	勾起观众的兴趣	探寻出目标用户的需求和痛点	给观众提供痛点解决方案	临门一脚的成交策略

图 8-4

由图8-4可以看出，在用户决策过程和直播说服过程中，卖点挖掘在用户的了解、评估、决策三个阶段都能起到重要的作用。尤其是在评估阶段，卖点挖掘是否到位至关重要。

二、卖点挖掘的流程

在今天，商品同质化的情况比比皆是，需要更加细致地研究交易对象的需求点和满足目标受众的需求点，同时需要将卖点挖掘的工作建立科学化的工作流程。基于直播的说服过程，将卖点挖掘归纳为4个步骤，如图8-5所示。

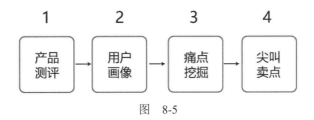

图 8-5

1. 进行商品测评

没有调查，就没有发言权。同样的，没有测评，就没有发言权。

商品测评其实是卖点挖掘的前置工作。试想，主播没有亲身试用过商品，没有测试过商品在各种环境下的表现，对于商品的评价只能流于表面，很难真正找到打动消费者的卖点。

商品测评，主播通过角色代入的方式，容易发现切中要害的使用场景和创意点。通过真实的体验和使用过程，主播对于商品才能形成清晰、可靠的认知。也只有在此基础上，才能通过对比分析，找出和竞品之间的差异点。

在实际的测评工作中，可以按照五大步骤开展测评工作。

（1）通过查阅资料，对商品品类有一个基础的认知。

（2）确定测评指标，测评指标需要可感知、可对比、可衡量，并且为核心指标。例如，如果要测评美妆类商品，可以参考评价表，如图8-6所示。

化妆品肤感评价表											
样品名称:				样品编号:			试用时间:				
项目		受试者使用感觉									备注
肤感节点	香味										
	肤质										
视觉上	光泽										
	料体粘稠度										
	挑出性										
接触时	质感										
	拉丝感										
	料体状态										
	铺展性										
使用感	黏腻感										
	油腻感										
	吸收性										
	残留膜										
吸收后	肤感										
	温度/湿度										
整体满意度											

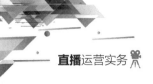

图 8-6

（3）记录测评内容。重点记录测评感受、测评过程和测评结果。

（4）列出替代竞品，找出差异化卖点。

（5）填写测评报告，目的是帮助主播理清思路，如图 8-7 所示。

产品测评总结表				
产品名称			测评人员	
产品品类			测评日期	
测评内容				
测评项目	测量数值		直接感知方式	评分
(一) 基础信息	大小		和一个鸡蛋差不多大	
	重量		大概和一瓶饮料等重	
	厚度		和华为手机厚度差不多	
(二) 特色功能	食品：甜度/辣度/水分/脆感		湖南人能接受的辣	
	化妆品：粘稠度/质感/拉丝感/油腻感/黏腻感/吸收性		像蜂蜜一样粘稠	
	服装：面料/配件/修身/风格		拉链使用YKK，比一般的拉链贵10倍	
	母婴：效果		第二天，宝宝鼻子不堵	
(三) 使用体验	视觉	角度：颜色、质地	像春天里的青草一样绿	
	听觉	角度：直观声音	在森林里听到的空灵感	
	嗅觉	角度：直观嗅觉	闻着像木头的味道	
	味觉	角度：直观味觉	喝过汤吗？就是那种鲜	
	触觉	角度：触感/温度/湿度	摸起来像剥了壳的鸡蛋	
	心理感受	角度：内心感受	我觉得这就是我要的	
(四) 测评实验	实验一	拉力实验/承重实验/重量对比/耐磨实验/弹力实验/PH值实验/拉丝实验/耐热实验/耐寒实验/色泽稳定性试验/面霜遇火实验/清水测乳液/抗氧化能力实验		
	实验二			
	实验三			
	实验四			
(五) 竞品替代情况	竞品一			
	竞品二			
(六) 小结及分析	产品差异化卖点			
	产品体验的描述			

图 8-7

2. 勾勒用户画像

用户画像是根据用户的社会属性、生活习惯和消费行为等信息而抽象出的一个标签化用户模型,包括基本属性、心理属性、行为属性、消费属性4个层面的信息。

精准的用户画像,可以帮助主播迅速了解目标受众的心理和需求,从而进一步探究受众的痛点、痒点、爽点和欲望,真正明确影响购买的决策因素。由此来看,勾勒用户画像是重要且必要的工作。

然而,在勾勒用户画像时,易出现两大误区:第一大误区是笼统描述,使用过于宽泛的描述语言,导致不能清晰地识别谁是目标用户;第二大误区是停留在数据和工具层面,不懂也不会深度挖掘背后的画像。

为了更好地勾勒出精准的用户画像,可以按照下面三个步骤进行:

(1)借助工具,如百度指数、生意参谋等,分析商品在受众端的直接关键词和长尾关键词,从而推导出较为具体的用户特征。以美白丸为例,借助百度指数,可以得出用户地域分布、人群属性和需求图谱,综合这些关键信息,可以推导出主动搜索和关注美白丸的用户的初始特征,如图8-8～图8-10所示。

图 8-8

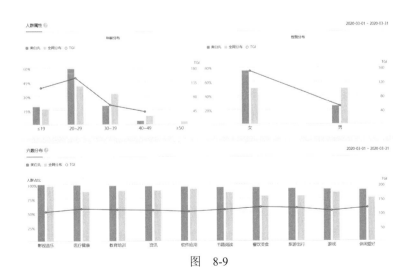

图 8-9

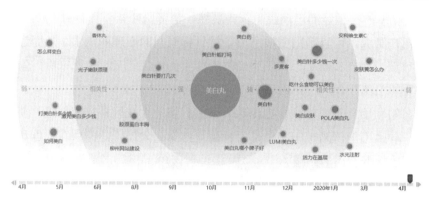

图 8-10

（2）提炼关键标签，描述用户设定。用户设定不是单一用户，而是多重用户。同样以美白丸为例，通过（1），结合用户地域分布、人群属性和需求图谱，可以将重点用户设定为居住在南方沿海城市、20～29岁的女性，日常兴趣为影视音乐，比较关注医疗健康和教育培训，说明人群从学生到白领群体都有，比较追求健康，上进心较强。而且，日常较为关心美白丸的价格、原理等相关信息，与此同时对于LUMI、POLA等品牌的美白丸有所了解。变白是发自内心的需求。

（3）借助需求图谱，从图谱中的相关词，找到切入点。从美白丸的需求图谱，可以总结出美白食物、美白针相关信息、美白丸品牌、水光注射、皮肤黄等都是相关的切入点。

根据以上三点，用户画像已经初步勾勒完成，相关的话题点也已经明确。接下来的重点工作就在于痛点挖掘。

3. 痛点深入挖掘

挖对痛点，才能激发受众的购买欲望。

痛点通常具有三大特征，可以帮助主播更好地识别。

特征一：真实存在，痛点不是杜撰的。

特征二：持续出现，痛点持续出现，干扰到正常的工作、生活、社交。

特征三：超出忍受，在忍受范围内的痛点都不够痛。在具体的寻找方式上，可以通过商品详情页评价、商品网络评价、模拟用户生活和用户调查等方式确定真实痛点。

在主播讲解技巧的章节提到过，能激发购买欲望的，除了痛点，还有爽点和痒点。因此，爽点和痒点也需要按照类似的步骤和方法进行深度挖掘。

通过上述拆解，主播对商品形成了清晰可靠的认知，拥有第一视角的使用体验，并且找到和竞品的差异点。同时，勾勒出的用户画像已经让主播对于目标消费者的特征了然于胸，并且已经找到能够激发受众购买欲望的痛点、痒点和爽点。

4. 找到尖叫卖点

接下来，除了最基础的卖点以外，还需要找到一个让用户尖叫的卖点。尖叫卖点的核心意义在于让用户对商品产生愿意购买的尖叫声。借助交集模型，可以轻松地找到尖叫卖点，如图8-11所示。

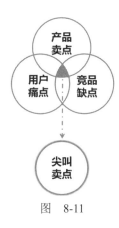

图 8-11

简而言之，尖叫卖点是提取出来的，属于交集点，需要满足。商品卖点能够解决用户的痛点、爽点和痒点，并且能够解决竞品所不能解决的缺点。

至此，卖点挖掘工作已经完成。

最终，所挖掘出的卖点，需要直观地表达。以李佳琦的文案为例，普通人描述颜色会说"好看"，描述质感会说"好用"。但李佳琦似乎有上百种方式来描述口红的颜色和质感。例如：

苹果红，有生命力；对黄皮友好一点；有点像宣纸抿出来的颜色，像血浆色；啊，好闪！五克拉的嘴巴；鲜嫩但是不显low的颜色；神仙姐姐涂的颜色，刘亦菲涂的颜色；正点到爆炸，很舒淇；接触到你嘴巴上，它就变成了水，这是我用过最薄的口红。

品牌方和商家所提供的卖点，和主播所需要的卖点，往往并不一致。品牌方和商家提供的卖点，更多的可以作为了解商品的基础信息。主播在深入挖掘商品卖点时，在商品目标群体、商品设计故事、品牌设计理念等方面可以多和品牌方、商家进行沟通。

卖点并不仅仅指商品本身的优势，也有可能是商品之外的元素，如手工制作。

主播对于品类需要有充分的了解，以方便进行商品的横向对比和分析。

同步训练

知识训练

1. 直播的本质是（　　）。[单选]
   A. 展示商品　　　B. 提升直播间流量　　C. 吸引粉丝　　　D. 说服客户
2. 卖点挖掘的步骤是（　　）。[多选]
   A. 商品评测　　　B. 用户画像　　　C. 痛点挖掘　　　D. 尖叫卖点
3. 卖点挖掘的意义在于（　　）。[多选]
   A. 提高销售额　　B. 增加粉丝量　　C. 形成信任　　　D. 加强说服
4. 什么是用户画像？
5. 要提炼精准的用户画像，需要哪几个步骤？
6. 举例说明某一商品的尖叫卖点。

技能训练

"卖点挖掘"技能训练表，见表8-6。

表 8-6

学生姓名		学　号		所属班级	
课程名称				实训地点	
实训项目名称		卖点挖掘		实训时间	
实训目的： 1. 能熟练掌握卖点挖掘的基本方法。 2. 能熟练运用卖点挖掘对商品卖点进行优化。					
实训要求： 按照操作步骤，对三位主播直播商品的卖点挖掘进行总结。					
实训截图过程：					
实训体会与总结：					
成绩评定（百分制）			指导老师签名		

二维码扫一扫，下载实训表格。

项目 9
主播筛选与建立合作

对于商家来说，一场好的直播能够带来的销量非常可观。但许多商家由于本身缺乏相关经验，或者目前不具备培养主播的条件，需要通过寻找主播合作的方式进行推广，所以，如何寻找到靠谱的主播，如何与主播们洽谈合作成为很多商家急需解决的问题。

项目提要

本项目通过解决两个问题——识别与筛选主播的带货能力、建立与主播的合作关系，从而帮助商家筛选到适合自己商品的主播，并与之建立更有价值的合作关系。

项目思维导图

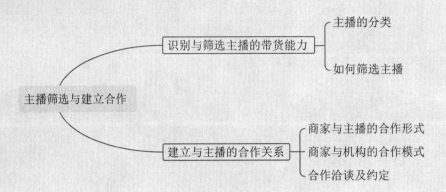

引例

小七是某护肤品牌的直播运营,主要负责品牌在大促期间及店庆等活动日的直播,但公司目前没有签约主播,所以需要经常对接一些护肤美妆领域的淘宝主播或者MCN机构,以合作的方式为品牌进行直播带货。工作已经一年多的小七,目前已经成功对接了15个主播及MCN机构,其中既有比较知名的淘宝头部主播,也有名气不大,但带货能力很强的其他平台主播,为公司带来了可观的效益。在主播合作方面,她颇有心得。

建议学时

4学时。

任务 9-1　识别与筛选主播的带货能力

下个月就是小七公司的店庆活动了,公司准备借此机会冲一下量。但是因为公司一直合作的主播时间上有冲突,所以小七准备临时寻找一个代播主播。因为接触这一行比较久,所以小七心中有五六个不错的人选,她在阿里V任务中搜索了一下这几个主播最近的数据,如基础报价、最近的粉丝活跃度、转化率等,圈定了三个主播进行下一步的合作洽谈。

知识目标:

1. 了解主播的类别。
2. 了解主播带货能力的判断指标。

技能目标:

1. 能根据商品及店铺特点选择合适的主播。
2. 能根据数据信息判断主播的带货能力。

思政目标:

1. 能做到实事求是、有理有据。
2. 有独立的判断意识,能客观地对待主播的能力,不盲目相信。

2 学时。

以阿里平台的主播对接为例。

步骤1 打开"阿里V任务",选择"淘榜单",如图9-1所示。

图 9-1

步骤2 查看淘榜单中母婴类排名前三的主播,选择"合作"查看其详细数据,如图9-2所示。

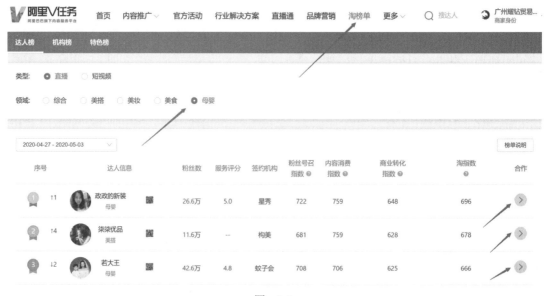

图 9-2

步骤3 查看该主播的服务详情数据,判断是否符合预算,以及自身商品是否符合主播要求,如图9-3所示。

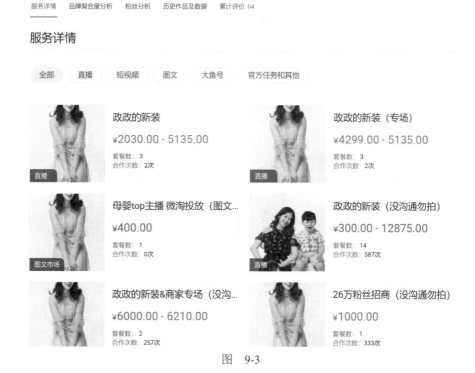

图 9-3

步骤4 查看该主播的粉丝数据，判断其与目标人群的契合度，如图9-4所示。

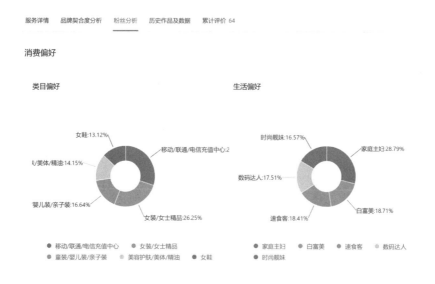

图 9-4

步骤5 查看该主播的历史作品数据，判断其带货能力。如果对数据指标的含义不清楚，可以点击"数据解读"按钮，查看指标释义，如图9-5所示。

图 9-5

（1）内容发布数。对应时间段内达人发布的内容篇数，包括图文、直播和短视频。

（2）内容引导进店次数。当前达人历史发布的所有内容，在对应时间段内引导进店的次数。这个数据与生意参谋中的引导进店次数一致。

（3）图文浏览次数。当前达人历史发布的所有图文内容，在对应时间段内产生的浏览次数。"浏览次数"的定义与生意参谋中图文内容"浏览次数"保持一致。

（4）直播观看次数。当前达人历史发布的所有直播内容，在对应时间段内产生的观看次数。"观看次数"的定义与生意参谋中直播内容"观看次数"保持一致。

（5）短视频播放次数。当前达人历史发布的所有短视频内容，在对应时间段内产生的播放次数。"播放次数"的定义与生意参谋中短视频内容"播放次数"保持一致。

步骤6 参考以上步骤，继续查看淘榜单母婴类的其他主播信息进行对比，最终筛选出符合自身需求的主播，进行沟通下单，如图9-6所示。

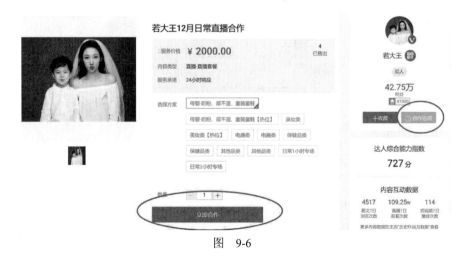

图 9-6

一、主播的分类

1. 按类目分

适合做直播的主流类目包括服装类目、美妆类目、母婴类目、美食类目以及家居类目，因此比较优秀的主播也集中在这几个类目中，当然，也有综合性非常强的主播，如图9-7所示。

序号		达人信息		粉丝数	服务评分	签约机构	粉丝号召指数	内容消费指数	商业转化指数	淘指数	合作
1	-	薇娅viya	其他	2111.6万	5.0	谦寻文化	1,000	995	1,000	998	>
2	-	李佳琦Austin	美妆个护	2488.3万	5.0	美腕	1,000	989	1,000	997	>
3	↑1	烈儿宝贝	美搭	402.8万	4.8	--	1,000	928	1,000	978	>
4	↓1	陈洁kiki	美搭	298万	5.0	宇佑文化	999	919	999	975	>
5	new	深夜徐老师	数码科技	36.3万	5.0	谦寻文化	917	929	985	954	>
6	↑2	恩佳N	其他	155.5万	5.0	阿卡丽	964	891	967	943	>
7	↓1	祖艾妈	母婴	191.1万	4.8	--	955	894	964	941	>

图 9-7

2. 按主播身份分

以淘宝直播间为例，主播主要由两类人担纲——明星和达人。其中明星参与直播的方式有两种——做客和主播。

（1）明星做客直播间。一类是品牌代言人在商品推广期做客直播间；一类是主播邀请明星进行主题互动，如图9-8所示。

明星做客直播间的优点是能利用明星的名气引起站内外用户的关注，达到品牌宣传的目的。品牌方还可以把直播画面进行剪辑，进行二次宣传。对于直播间来说，也能注入新的活力，给粉丝带来惊喜和新鲜感，可以说是双赢的合作，见表9-1。

图 9-8

表 9-1

明星做客直播间对比		
直播间	某主播和欧阳娜娜	某主播和关晓彤
直播时间	2020 年 5 月 19 日	2020 年 5 月 18 日
直播时长	3h17min	3h23min
明星出镜时间	35min	42min
明星推荐品牌及商品	立白洗衣凝珠等三款商品	半亩花田沐浴露等三款商品
观看量	1 381.85 万	1 922.53 万

但是明星做客的缺点也很明显。首先，明星不是专业主播，对商品的讲解和宣传可能不到位，影响转化率。其次，明星与主播属于临场配合，所以会更加考验双方的临场互动能力，如果不能形成良性互动，气氛会比较尴尬。最后，不是所有的主播都能邀请到明星，明星肯做客的直播间，一般都是头部主播或者有名气的主播，明星也是希望利用直播间的人气带动自身热度，所以一般主播很难得到合作机会。

（2）明星亲自直播。虽然说明星更多的是以做客的方式参与淘宝直播，但也有少数明星在直播界做得风生水起，如在快手直播的柳岩和王祖蓝等，还有淘宝直播的李湘和林依轮，如图 9-9 所示。

项目 9　主播筛选与建立合作

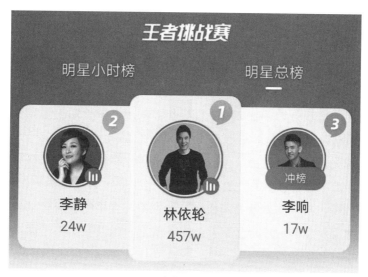

图　9-9

明星下海直播的优势非常明显——涨粉快，粉丝效应明显，但是因为是非专业带货主播，以及日常忙于其他事务、讲解不专业、试吃试穿不够真实等经常被人诟病。

二、如何筛选主播

在"阿里 V 任务"平台（v.taobao.com），商家可以通过查看淘榜单等栏目获取主播信息，再根据自己的投放预算和品牌、品类、市场定位、目标客户群等条件进行主播筛选，如图9-10所示。

图　9-10

在众多主播中，怎么才能找到适合商家的、能带货的主播呢？

1. 明确合作目的

首先要明确自己的合作目的，因为目的不同，判断的标准也不同。如果目的是快速提升销量，适合采用聚焦型玩法，选择头部主播进行合作。如果资金实力不允许，退而求其次可以寻找带货能力比较强的腰部主播进行合作。如果追求长期的曝光量和转化率，适合采用全面开花型玩法，头部主播、中腰部主播和底部主播全面进行。

例如，某品牌先是与头部主播合作，整体直播并没有给品牌带来利润。但后续以此为背书，与众多中腰部主播进行更具性价比的合作，很长的一段时间内连续带动成交转化。

这里要提醒的是，按照平台的推荐机制，商家参与直播的收益除了当下直播所带来的成交，还要计算直播销量的权重对于商品排名的提高，以及在千人千面机制下得到更多透出的机会。

2. 剖析商品属性

在找主播之前，需要对所推广商品及其所在类目的情况有全面、深入的了解，判断商品是否适合进行直播。例如，家居类目的商品，需要分析这个类目在直播行业里的热度，尤其是同类商品的直播数据。

就目前的带货情况来看，带货成绩最好的品类是美妆美搭、母婴家居、食品等快消品。相对而言，电子商品、科技商品、大家电等商品的成绩一般。覆盖群体大小、复购需求高低、主播专业程度、购买决策难度、购买者是否为使用者等，都是影响成交的关键因素。

3. 判断主播能力

通过阿里V任务平台、飞瓜数据等平台，搜集和分析主播的粉丝画像、粉丝活跃度、往期带货数据以及往期直播视频等信息，从而判断该主播是否适合推这款商品。如图9-11所示。

商品	店铺	直播价	直播政策	合作主播	近30日合作场次	近30日商品直播销量	近30日商品直播销售额（约）
丽普司肽烟酰胺冻干粉全方位净化斑点提亮	丽普司肽旗舰店	114		贵妇毛光光	24	30	3420
丽普司肽烟酰胺冻干粉全方位净化斑点提亮	丽普司肽旗舰店	114		米拉mila	12	23	2622
丽普司肽烟酰胺冻干粉全方位净化斑点提亮	丽普司肽旗舰店	114		皮肤管理师张珊	15	21	2394
丽普司肽烟酰胺冻干粉全方位净化斑点提亮	丽普司肽旗舰店	114		芸小小-	12	21	2394
丽普司肽烟酰胺冻干粉全方位净化斑点提亮	丽普司肽旗舰店	114		翁五朵	14	18	2052
丽普司肽烟酰胺冻干粉全方位净化斑点提亮	丽普司肽旗舰店	114		模特朱朱Joojo	16	16	1824
丽普司肽烟酰胺冻干粉全方位净化斑点提亮	丽普司肽旗舰店	114		十年抗痘师花爷	3	14	1596
丽普司肽烟酰胺冻干粉全方位净化斑点提亮	丽普司肽旗舰店	114		美娜Mina	11	13	1482
丽普司肽烟酰胺冻干粉全方位净化斑点提亮	丽普司肽旗舰店	114		大大大大大橘猫	4	13	1482
丽普司肽烟酰胺冻干粉全方位净化斑点提亮	丽普司肽旗舰店	114		大大美妞宝爷	9	12	1368

图 9-11

初入行的商家可能会直接将粉丝量作为衡量主播带货能力的标准，而有直播投放经验的商家更为关注主播擅长品类的垂直深度，更会以往期带货商品数据和内容专业度作为参考。

例如，某主播一直在播美搭类的商品，其内容深度垂直，数据表现也不错，那么可初步断定这位主播在该领域具备一定的带货能力或者合作潜力。再观察该主播以往的直播回放，观察其粉丝活跃度、直播风格、细节话术和控场能力，从而综合判断其带货能力。

总体来看，对于商家来讲，店铺自播与达人合作是两条腿走路，缺一不可。店铺直播适合用于日常的粉丝激活、维护，以及拉新，是一项长期的工作。而达人直播，则适合作为品牌曝光、商品宣传和销量打造的有效策略。

1. 商家可以根据自己的商品特征，重点与几个主播展开长期、深度合作。因为进行长期合作，主播的专业程度、直播风格和商品的匹配度会更高。售后、客服、仓储、发货速度和退货率等方面也会更具优势，粉丝利益才会更有保障，复购率会提升。

2. 选达人的时候一定要特别关注主播的垂直深度，如李佳琦就属于美妆类的深度垂直，尽管他也带其他品类的货品，但在美妆领域的专业性是他的核心优势，所以他推的口红基本上都会爆，在美妆领域的带货能力非常强。而辛巴属于泛垂直，什么都卖，用户画像比较分散，所以对选品来说，货品的价格一定要有优势。

3. 卖家自己平时可以多查看直播，对于和自己店铺宝贝品类匹配、带货量高的直播先关注，然后私聊寻求合作机会，不建议找以下几种类型的主播：

（1）杂货型主播。除了少数头部主播，粉丝体量较低的杂货型主播销售的商品品类比较杂，粉丝需求不一样，转化率较差。

（2）做自营商品的主播。特别是混场直播时，该类主播因为有自己的店铺，常常会将大量的时间和精力用在介绍自家商品上。

（3）态度较为消极的主播。态度较为消极的主播责任心较差，容易造成资金、货物两空。

> **知识训练**

1. 美妆类第一大主播是（　　）。[单选]
A. 辛巴　　　　　　B. 张大奕　　　　　C. 恩佳　　　　　　D. 李佳琦
2. 淘宝官方推荐商家寻找优质达人合作的唯一官方平台是（　　）。[单选]
A. 淘宝联盟　　　　B. 阿里创作平台　　C. 阿里V任务　　　D. 巨量星图
3. 商家找达人主播合作的优势是（　　）。[多选]

A. 专业的达人主播，其转化率更有保证

B. 相比粉丝不多的店铺，达人直播的曝光量更大

C. 达人主播合作的成本更低

D. 没有直播权限的商家也可以获取直播红利

4. 在选择要合作的主播时，应当考虑哪些因素？

5. 直接与主播合作好，还是与 MCN 机构合作好？为什么？

6. 什么是头部主播、中腰部主播？请举例说明。

技能训练

"识别与筛选主播的带货能力"技能训练表，见表 9-2。

表 9-2

学生姓名		学　号		所属班级	
课程名称				实训地点	
实训项目名称	识别与筛选主播的带货能力			实训时间	
实训目的： 1. 了解主播的类别及主播带货能力的判断指标。 2. 能根据商品及店铺特点选择合适的主播。 3. 能根据数据信息判断主播的带货能力。					
实训要求： 选择一款童装，按照前面的操作步骤，挑选适合的主播。					
实训截图过程：					
实训体会与总结：					
成绩评定（百分制）			指导老师签名		

二维码扫一扫，下载实训表格。

任务 9-2　建立与主播的合作关系

由于在以往的直播中,小七公司的货品表现不错,所以洽谈时比较顺利,之前圈定的三个主播均表示愿意用较低的坑位费和佣金与小七合作。小七经过对比,选择了其中更具性价比的一位,在谈好合作细节之后,小七通过阿里 V 任务正式下单,达成合作。

知识目标:
1. 了解商家与主播、机构的合作方式。
2. 了解直播合作的费用构成。

技能目标:
1. 能通过官方平台进行直播合作。
2. 掌握直播合作的洽谈要领。

思政目标:
1. 在合作中,做到遵纪守法、诚信交易。
2. 能够着眼全局,细致入微,全面、深入地看待问题。

2 学时。

步骤 1 打开"阿里 V 任务"——"直播通",如图 9-12 所示。

图 9-12

步骤2 选择商家身份登录，天猫商家此时需要用运营号登录，如图9-13所示。

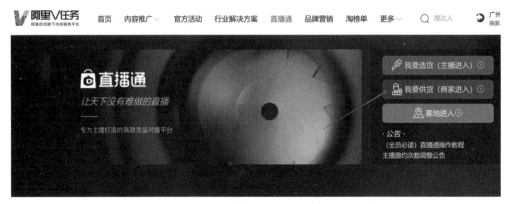

图 9-13

步骤3 登录完毕后，在左侧找到"商品上传"选项。选择想要报名的商品池进行报名，如图9-14所示。

图 9-14

步骤4 若商品池没有可报名的商品，可选择下方的入口报名，如图9-15所示。

图 9-15

步骤5 完成报名后，三个工作日内，会显示可上传的宝贝，如图9-16所示。

图 9-16

步骤6 选择要在直播通与主播合作的宝贝，勾选后上传，务必要设置好阿里妈妈的"定向佣金比例"，如图9-17所示。

图 9-17

步骤7 上传成功，点击预览报名的商品池，查看自己商品（刚上传的商品，需要第二天才能查看到），如图 9-18 所示。

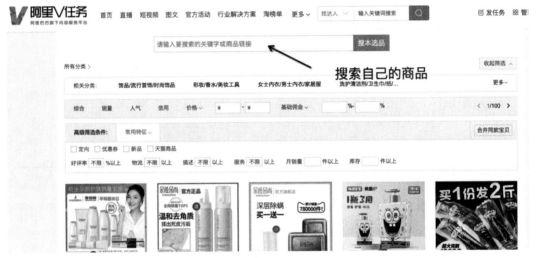

图 9-18

步骤8 等待主播挑选主动邀约。若被主播成功选中，千牛系统消息会通知你处理。短信也会给你发送对应的信息，如图 9-19 所示。

图 9-19

步骤9 商家登录直播通后台查看订单，处理主播邀约，接受或拒绝邀请。若长时间不处理，主播邀约会被清退，如图 9-20 所示。

项目 9 主播筛选与建立合作

图 9-20

步骤 10 商家接受邀请时必须先填写快递信息，表示商家同意和主播合作，必须安排样品寄出，如图 9-21 所示。

图 9-21

步骤 11 商家样品寄送完毕，等待主播安排直播时间，如图 9-22 所示。

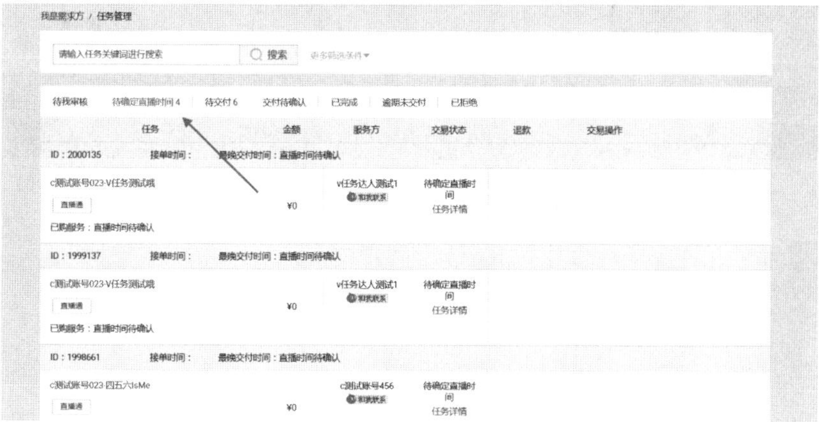

图 9-22

步骤 12 若主播按照约定完成直播，系统会自动校验任务完成。商家可以查看直播详情与数据，进入确认与评价环节，如图 9-23、图 9-24 所示。

图 9-23

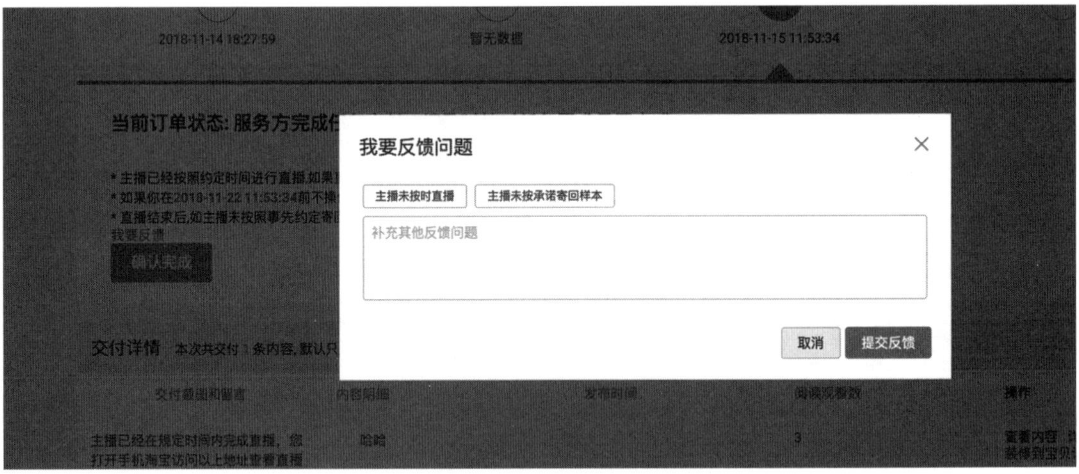

图 9-24

步骤 13 双方互评完毕，合作完成，如图 9-25 所示。

图 9-25

一、商家与主播的合作形式

由于商家的商品情况和需求不同,与主播合作的形式也不同。

1. 单主播合作与多主播合作

以合作主播数量来分,目前主要有"单主播合作"和"多主播合作",其各自的特点见表9-3。

表 9-3

合 作 形 式	适 用 场 景	寻 找 渠 道
单主播	1.适合初次尝试直播的商家 2.适合单品测款 3.适合单品累积基础销量	通过阿里 V 任务找主播
多主播	1.适合长期进行直播投放的商家 2.适合单品打爆 3.适合单品快速提升销量 4.适合品牌长期直播种草	通过阿里 V 任务找机构

2. 专场和混场

从货品数量上来分,可分为"专场合作"和"混场合作",其各自的特点见表9-4。

表 9-4

合作形式	形式说明	适用场景
专场	在1h的直播时间内，只介绍同一家店铺的宝贝，一般为6～10款	1. 店庆、大促活动期间的宣传、转化或打榜需要 2. 店铺上新宣传及积累销量需要
混场	在一场直播内，和其他商家的宝贝按顺序进行介绍，一般介绍时间为3～10min	1. 商品上新测款及积累基础销量 2. 用优势商品带动进店流量 3. 完成KPI冲量

3. "服务费＋佣金"和"纯佣"模式

直播投放的产出具有可跟踪、可量化和即时性的特点，可以从进店人数、加购人数、支付笔数和支付金额等进行精准衡量，不像电梯广告等形式无法准确估量。但主播收取的上架费（也叫服务费、坑位费、链接费）和佣金，商家也要结合成本仔细核算，预估一下ROI（投入产出比）。

目前来说，直播的费用支付模式主要有以下两种。

（1）"服务费＋佣金"模式。这种模式在直播带货领域比较常见，即固定的费用加上销售额的商品佣金。

目前，超头部主播的单链接报价从几万到几十万元不等，中腰部到底部主播的报价则在万元到百元之间。

佣金方面，在支付服务费的前提下，基本还要另外收取20%的佣金，美妆类目佣金比例在30%左右。部分品类，如手机等商品，佣金比例可以另行商议降到20%以下。

（2）"纯佣"模式。服务费常见于具备一定带货能力的主播。而纯佣模式更常见于底部主播和新主播。纯佣，即按照实际销售额 × 约定佣金比例的结算方式，将销售佣金结算给主播。纯佣模式，通过系统自动跟踪和结算的方式，深受商家和主播的欢迎。从商家的角度考虑，纯佣模式的最大魅力并不在于减少服务费的支出，而是店铺方可以长期进行多主播合作，满足店铺长期进行品牌宣传的需要。

为了快速推进新主播和商家的主播合作，阿里V任务推出了一个频道叫作"直播通"，是官方的主播选货合作平台。主播在直播通可以查看海量的商品池，也可以对接多维度货品供应链进行选货排期，解决主播的货品问题，是主播的选品宝库。对于商家来说，目前直播通的双方合作形式为纯佣合作模式，商家可以零门槛达成与主播合作，仅寄送样品给主播即可，合作中的订单生成和合作后的直播数据都是透明的，安全省心，如图9-26所示。

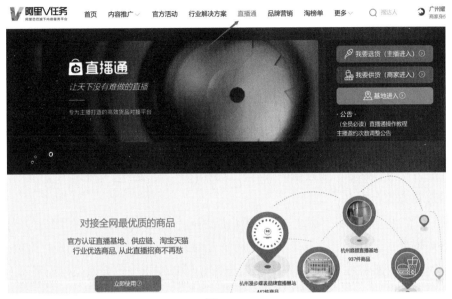

图 9-26

二、商家与机构的合作模式

商家和机构的合作模式主要有单点合作和全案合作。从合作时长来看，有短期合作和长期合作。

单点合作，即只和机构旗下的某一个主播合作。

全案合作，即和机构进行涉及图文、短视频和直播等内容营销方案制定及执行的合作。

长期合作，一般按月、按季度、按半年度和按年度进行合作。

三、合作洽谈及约定

在和主播或机构洽谈合作的过程中，有以下注意事项。

1. 注意主播的带货能力及服务要求

缺乏经验的品牌方在和超头部主播合作时，最容易产生问题的地方不在于服务费，而在于对主播出单能力的正确预估。不能对主播出单能力进行正确预估，意味着库存会出现偏差。实际库存小于主播出单能力，会造成出货难题，无法在主播要求的时间点内完成发货，必然会直接拉低店铺评分，更严重的可能会造成店铺被迫关店。为了达到主播要求的库存数而进行生产，可能会因为直播效果不理想而造成库存积压，占用周转资金。

2. 考察主播对商品的认可度

主播对商品的认可度至关重要。超头部主播的团队对商品会有一套严格的筛选流程，

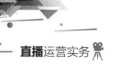

在庞大的粉丝基数下，基本能保证一定的成交量。相对难以识别的是看似粉丝量挺高，场观也很理想的主播，其团队对于商品的筛选较为随意，主播本人可能只是按照团队的安排进行商品的讲解，不代表主播本身对于商品的认可度。主播对商品的低认可度甚至没有提前试用商品的情况下，一般难以取得较为理想的成交量。

3. 细节约定需要足够清晰

细节约定包括直播日期、直播时间段、讲解时间、讲解方式（品牌方和店铺可以提出自身建议）、必须提及的商品卖点、规格信息、价格信息、赠品信息、发货信息（是否全国发货、是否全国包邮等）和发货时效等，避免沟通失误和传达失误。

4. 通过官方平台报名

淘宝、抖音、快手、京东和小红书等，对于主播和店铺之间的合作，都提供官方对接平台。通过官方对接平台进行报名：一是可以使用平台的数据工具对直播效果进行追溯；二是和主播出现纠纷时，如主播未按约定时长进行直播，可以申请平台介入进行处理。

在使用直播通时，商家要留意处罚规则，主要有以下两类。

1. 因主播投诉被处罚。单个商家，每被达人投诉达到三次，则封30天的直播通使用权限，到期后自动结束处罚。一旦商家被处罚，商家之前上传的所有直播通宝贝将全部下线，并且处罚到期后不会自动上架，需要重新手动操作上架。

2. 因逾期未审核次数过多被处罚。30天内逾期未处理直播通邀约次数大于等于5次。并且逾期未处理邀约次数大于总邀约次数50%以上者。例如，本月商家一共被达人邀约了20次，但是有10个邀约商家忘记处理，导致系统逾期关闭订单，封30天直播通权限，同时下架所有直播通宝贝，到期后自动结束处罚。商家被处罚，商家之前上传的所有宝贝将全部下线，且处罚到期后不会自动上架，需要重新手动上架。

> 知识训练 >>

1. 直播通是付费渠道还是免费渠道？（　　）。[单选]
   A. 付费　　　　　　　　　　　　B. 暂时免费
   C. 部分功能免费　　　　　　　　D. 商家端免费，主播端收费

2. 直播通的费用结算形式是（　　）。[单选]

A. 纯佣结算　　　　B. 服务费＋佣金　　C. 双方商议而定　　　D. 一口价

3. 下面哪几个平台是达人与商家的直播交易平台？（　　　）。[多选]

A. 巨量星图　　　　B. 微播易　　　　　C. 西瓜数据　　　　　D. 阿里V任务

4. 什么是坑位费？什么是佣金？

5. 在与主播及机构洽谈时，应当注意什么？

6. 商家与主播的合作都有哪些形式，请举例说明。

技能训练

"建立与主播的合作关系"技能训练表，见表9-5。

表 9-5

学生姓名		学　　号		所属班级	
课程名称			实训地点		
实训项目名称	建立与主播的合作关系		实训时间		
实训目的： 1. 了解商家与主播、机构的合作形式及洽谈要领。 2. 掌握用官方平台进行合作下单操作的技巧。					
实训要求： 按照前面的操作步骤，在直播通中上传商品。					
实训截图过程：					
实训体会与总结：					
成绩评定（百分制）			指导老师签名		

二维码扫一扫，下载实训表格。

参考文献

[1] 宋美杰. 网络直播的娱乐狂欢与知识分享[J]. 中国报业，2016（21）：28-31.

[2] 徐梦迪. 实战手册来了！手把手教会你直播[J]. 销售与市场（管理版），2020（10）：80-82.

[3] 范瑞真. 内容电商时代，企业如何玩转抖音带货[J]. 中国眼镜科技，2020（10）：15-17.

[4] 赵子忠，陈连子. 直播电商的传播理论、发展现状、产业结构及反思[J]. 中国广播，2020（09）：11-18.

[5] 黄若曌. 微信"直播+电商"模式SWOT分析——基于淘宝、快手、抖音电商模式的比较分析[J]. 声屏世界，2020（14）：73-74+85.

[6] 匡文波. 新媒体概论[M]. 第2版. 北京：中国人民大学出版社，2015：43-49.

[7] 刘望海. 新媒体营销与运营[M]. 第2版. 北京：人民邮电出版社，2018：31-35.

[8] 本刊综合. 直播带货平台哪家强？最强解析来了！[J]. 中国合作经济，2020（04）：44-48.

[9] 王彤. 电商直播情境下消费者购买意愿研究[D]. 北京：中央民族大学，2020.

[10] 魏超. 从信任到转化：快手直播营销对用户购买意愿影响的实证研究[D]. 北京：中央民族大学，2020.

[11] 张军. 电商直播平台的现状及发展策略研究[D]. 长春：长春工业大学，2018.

[12] 吴嘉宝. 网红直播对受众非理性消费行为的影响探究[D]. 南昌：江西师范大学，2020.

[13] 艾媒新零售产业研究中心. 2020上半年中国直播电商市场研究报告[R]. 广州：艾媒网，2020.

[14] 艾媒新零售产业研究中心. 2020年7～8月中国直播电商行业运行数据监测双月报告[R]. 广州：艾媒网，2020.

[15] 黄楚新，吴梦瑶. 我国直播带货的发展状况、存在问题及优化路径[J]. 传媒，2020（17）：11-14.

[16] 刘海鸥，孙晶晶. 国内外用户画像研究综述[J]. 综述与述评，2018（11）：155-160.

[17] 张莉曼，张向先，卢恒，等. 知识直播平台付费用户群体画像研究[J]. 图书情报工作，2019，63（05）：84-91.

[18] 巨量算数. 2020年抖音美妆直播报告[EB/OL].[2020-7-20].

教师服务

感谢您选用清华大学出版社的教材！为了更好地服务教学，我们为授课教师提供本书的教学辅助资源，以及本学科重点教材信息。请您扫码获取。

▶▶ 教辅获取

本书教辅资源，授课教师扫码获取

▶▶ 样书赠送

电子商务类重点教材，教师扫码获取样书

 清华大学出版社

E-mail: tupfuwu@163.com
电话：010-83470332 / 83470142
地址：北京市海淀区双清路学研大厦 B 座 509

网址：http://www.tup.com.cn/
传真：8610-83470107
邮编：100084